네 사람의 노래

윤금초는 1942년 전남 해남에서 태어나 서라벌예술대학 문예창작학과를 졸업하였다. 1966년 공보부 신인예술상 수상 및 1968년 『동아일보』 신춘문예 당선으로 등단하였다. 시집으로 『어초문답』 『해남 나들이』 『땅끝』 『이어도 사나, 이어도 사나』 『주몽의 하늘』 『무슨 말 꿍쳐두었니?』 등이 있다.

박시교는 1945년 경북 봉화에서 태어나 1970년 『현대시학』 추천으로 등단하였다. 시집으로 『겨울강』 『가슴으로 오는 새벽』 『낙화』 『독작(獨酌)』 『아나키스트에게』 등이 있다.

이우걸은 1946년 경남 창녕에서 태어나 경북대학교 사범대학 역사교육학과를 졸업하였다. 1973년 『현대시학』 추천으로 등단하였으며 시집으로 『지금은 누군가 와서』 『빈 배에 앉아』 『저녁 이미지』 『사전을 뒤적이며』 『맹인』 『나를 운반해온 시간의 발자국이여』 등이 있다.

유재영은 1948년 충남 천안에서 태어나 1973년 박목월, 이태극 선생의 추천으로 등단하였다. 시집으로 『한 방울의 피』 『지상의 중심이 되어』 『고욤꽃 떨어지는 소리』 『햇빛시간』 『절반의 고요』 등이 있다.

시조집
네 사람의 노래

초판 1쇄 발행 2012년 1월 27일
초판 2쇄 발행 2014년 3월 14일

지은이 윤금초 박시교 이우걸 유재영
펴낸이 주일우
펴낸곳 ㈜**문학과지성사**

등록번호 제1993-000098호
주소 121-840 서울 마포구 서교동 395-2
전화 02)338-7224
팩스 02)323-4180(편집) 02)338-7221(영업)
전자우편 moonji@moonji.com
홈페이지 www.moonji.com

ISBN 978-89-320-2274-1

윤 금 초　박 시 교　이 우 걸　유 재 영

네 사람의 노래

문학과지성사
2012

책머리에

『네 사람의 얼굴』이라는 앤솔러지가 1983년 발간되었다. 이 시조집은 고맙게도 많은 분들의 관심과 사랑을 받았다. 그 뒤 증보판은 있었지만 작품을 새로이 묶게 된 것은 28년 만의 일이다. 『네 사람의 노래』는 적지 않은 시간 동안 이 길에 몸담아온 우리 각자의 자화상이다. 시대정신에서, 이미지에서, 혹은 실험 의식에서 나름의 개성이 뚜렷할 것이다. 시조의 오늘을 읽어내는 데 도움을 주리라 생각한다. 『네 사람의 노래』가 현대시조의 진화를 증명해주는 의미 있는 성과물로 독자의 사랑을 받길 기대하며 문학과지성사에 감사드린다.

2012년 겨울
저자 일동

| 차례 |

윤금초 편

천일염

가 이를까, 이를까 몰라
살도 뼈도 다 삭은 후엔

우리 손깍지 끼었던 그 바닷가
물안개 저리 피어오르는데

어느 날
절명시 쓰듯
천일염이 될까 몰라.

난전(亂廛)

무르녹은 아편 꽃물 온몸 물집이 생기고

귓불 간지럼 태우는 날벌레 날갯짓 잦다.

코 째는, 아으! 코 째는, 꽃의 난전 이 봄날.

이어도 사나, 이어도 사나*

긴긴 세월 동안 섬은 늘 거기 있어왔다. 그러나 섬을 본 사람은 아무도 없었다. 섬을 본 사람은 모두 섬으로 가버렸기 때문이었다.

아무도 다시 섬을 떠나 돌아온 사람은 없었기 때문이었다.

— 이청준 소설 「이어도」에서

지느러미 나풀거리는, 풋풋한 아침 바당**
고기비늘 황금 알갱이 노역의 등짐 부려놓고
이어도, 이어도 사나. 이어도 사나, 이어 이어…

퉁방울눈 돌하르방 눈빛 저리 삼삼하고
꽃 멀미 질펀한 그곳, 유채꽃 한나절을.

바람 불면 바람 소리 속에, 바당 울면 바당 울음 속에
웅웅웅 신음 같은, 한숨 같은 노랫가락 이어도 사나 이어도 사나
아련히 바닷바람에 실려오고 실려가고.

다금바리 오분자기

이어도 사나, 이어도 사나
상한 그물 손질하며
급한 물길 물질하며
산호초 꽃덤불 넘어,
캄캄한 침묵 수렁을 넘어.

자갈밭 그물코 새로 그 옛날 바닷바람 쇄쇄 지나가네.

천리 남쪽 바당 밖에 꿈처럼 생시처럼 허옇게 솟은 피안의 섬, 제주 어부 노래로 노래로 굴려온 세월 전설의 섬, 가본 사람 아무도 없이 눈에 밟히는 수수께끼 섬, 고된 이승 접고 나면 저승 복락 누리는 섬, 한번 보면 이내 가서 오지 않는, 영영 다시 오지 않는 섬이어라.

이어도, 이어도 사나. 이어도 사나, 이어 이어…

밀물 들면 수면 아래 뉘엿이 가라앉고
썰물 때면 건듯 솟아 푸른 허우대 드러내는
방어 빛 파도 헤치며 두둥실 뜨는 섬이어라.

마른 낙엽 몰고 가는 마파람 쌀쌀한 그해 겨울

모슬포 바위 벼랑 울타리 없는 서역 천축 머나먼 길 아기작 걸음 비비닥질 수라의 바당 헤쳐 갈 때 물이랑 뒤척이며 꿈결에 떠오른 이어도 이어도, 수평선 훌쩍 건너 우화등선 넘어가버리고

섬 억새 굽은 산등성이 하얗게 물들였네.

* 제주 민요의 한 구절.
** 바다의 제주도 말.

간찰(簡札)

작자 미상 옛 사인(士人)의 간찰 한 장 마주한다.
물 흐르듯 꿈틀거리듯 숨 쉬는 반흘림 수적(手迹)
먼 왕조 흉흉한 물결이 옥판지에 배어 있다.

칼을 물고 누웠던가, 어둠 그 먹피를 입고
지는 꽃 뒷등처럼이나 적막한 글발 위에
한 시대 협기가 어려 섬뜩섬뜩 다가온다.

먹물도 세월밥 들면 누룽지가 앉는 건지
귀 닳은 화선지의 삭은 결이 들떠 오르고…
더러는 천년 사직이 쩍쩍 그만 균열졌을까.

물살 드높던 소용돌이 손 짚어 더듬는다.
살 떨리는 어질머리, 헛헛한 변방의 시간을
궐문 밖 멈칫멈칫거리다 떠나가는 증언 같은.

할미새야, 할미새야

흙으로, 흙의 무게로 똬리 틀고 앉은 시간

고향 풀숲에서 반짝이던 결 고운 윤이슬이여, 어쩌자고 머나먼 예까지 와 대끼고 부대끼는가. 밤새 벼린 칼끝보다 섬뜩한 그 억새의 세월,

갈바람 굴피집 울리는 죽비 소리 남기고.

등이 허전하여 등 뒤에 야트막한 산을 두른다.

빚더미 가장(家長)처럼 망연자실 누워 있는 앞산, 우부룩이 자란 시름 봄 삭정이 되었는가. 둥지 떠난 할미새야, 비 젖은 날개 접고 등걸잠 자는 할미새야. 앞내 뒷내 둘러봐도 끕끕한 어둠 밀려오고 밀려간다. 물을 불러 제 몸 기슭 불리는 강물, 귀동냥 다리품 팔아 남루한 짐 지고 오는 저 강물아. 파릇파릇 핏줄 돋는 길섶마다 먹어도 먹어도 물리지 않는 밥풀꽃 꽃등 하나, 눈빛 형형한 꽃등 하나 달아놓고

물안개 거두어 가는 애벌구이 해도 덩실 띄워놓고…

으악!

산자락 괴고 숨 고를 때
매봉산이 기우뚱하네.

깨복쟁이* 저 지렁이
온몸 ∞∞ 뒤척이네.

갈 길 먼
내 이생을 감고
∞∞ 뛰네,
으아악!

* 벌거숭이의 전라도 탯말.

말

1

까치 배 바닥 같은 소리 줄창 허덜들 말어.

누군들 주둥아리 읎어 호박씨 못 까나. 세상이 하도나 머흔 세상이라 주댕이 재갈 물려놓구 이냥저냥 사는 게지. 가랫줄허구 통치마는 쩍 벌릴수록 좋다 카드만, 보리밥 먹구 쌀 방구 뀌듯 조선 밥 먹구 서양 똥 싸듯 희떠운 소리 퉁명부리는 시러베 농투성인 어딜 갔남? 이리 왈 저리 왈 턱짓허다 휜죽사발 흘기눈 뜨구 떠름헌 낯 거두지 않구 엇먹는 소리 뒷동이나 달구 홍뚱거리는 쭉정이처럼 어푸러지게 잘해주구 올 적 갈 적 숭물 떠는 툽상스런 꼬라지 허며, 내동 딴전 보다 일이란 일 다 빼그려놓구 찍자 붙는 꼬라지 허며, 낚시 바늘 꼬부라진 소리 시시비비 씩둑거려쌓네.

왜 그리 입술이 얇은지, 입방정도 자발읎이.

2

낙엽은 가을바람 탓허지 않는 벱이여.

눈 뜬 채 자는 물고기는 잡어가 아니라 카드만. 구부러진 소낭구가 선산 지킨다 안 카든가. 젠장, 고름은 살이 되지 않는 벱이여. 참방게와 똥방게도 구별 못허는 세상 앙이가. 메뚜기 계(蟿), 땅강아지 곡(螜), 그리마 구(蛷), 사마귀 당(螳), 쓰르라미 료(蟟), 말매미 면(蝒), 며루 명(螟), 하루살이 몽(蠓), 새우 미(蝞), 풀쐐기 사(蟴), 귀뚜라미 실(蟋), 가재 오(螯), 왕개미 의(螘), 쥐며느리 이(蛜), 벼룩 촉(蠋), 풍뎅이 황(蟥) 같은 다족류(多足類) 곤충처럼 머릿속에 말다리 득실거리구, 말갈기 곤두세운 발굽 소리 하염읎이 꼼지락거리구. 아닌 척, 거룩한 척, 잘난 척, 조신한 척, 척 척 척 말 돌림 벌레 씹는 소리 소리마다 의뭉 떨구 둘러방치구 되알지게 대꾸허다 심보가 죄 우그러져, 우그러져

말발이 빼세지구 말구, 퉤 퉤 퉤 비참 지경 앙이가?

아직은 보리누름 아니 오고

아서 아서, 꽃샘잎샘 지나 보리누름 아니 오고

저녁 에울 고구마를 옹솥에 안쳐두고 풋보리 풋바심을 찧고 말려 가루 내어 죽 쑤어 먹을 때까지 산나물 들나물 먹으나 굶으나 쉬지 않고 주전거려도 만날 입이 구쁘고, 발등어리가 천상 두꺼비 등짝 같고, 손도 여물 주걱마냥 컸던 아부지, 울 아부지. 참나무 마들가리 거칠어 보이는 손가락으로 올올이 애정이 무늬진 명주필 사려내고, 목비녀 삐딱하게 꽂힌 솔방울만 한 낭자에선 물렛가락이 뽑아낸 무명실 토리가 희끗거리던 엄마, 울 엄마가 삶아낸

밀개떡, 그날 그 밀개떡이 달처럼만 오달졌지.

※ 이문구 소설 「담배 한 대」와 「백의」 부분 패러디.

두 주정뱅이

고주망태 한 주정뱅이 들깨방정 참깨방정 떨다 말고

흰죽사발 눈 지릅뜨고 물퉁보리처럼 업혀가다, 시르죽은 물렁 팥죽 친구 부축 받고 비트적거리는 또 다른 술꾼 보고 찍자를 부렸겠다. 가여운 주정뱅이 같으니, 자네도 두 잔만 더 마시면 나처럼 한껏 자유를 누릴 텐데…

한물간 시러베 짓을 냉큼 못 버리다니!

개오동 그림자

상수리 마른 잎이 석양을 붙잡다 놓아준다.

접때 기러기 몰아온 바람이 여태 수수깡 울에 머물며 가랑잎 줍는 게 오늘 밤도 된서리가 하얗게 필 모양이다. 뜨락 한 그루 개오동 검은 그림자 섬돌을 베개 삼아 밤 깊은 소리 엿듣고, 오동 한두 잎새가 찬 이슬 피해 내려 제 발등 덮는다. 저저금 저 살려고 토막 숨 연방 들이쉬며 놔도 한몫 들어도 한몫, 늘리고 보탠 것 없이 홍뚱거린 살림붙이 그냥저냥 떠밀려오는 하루가 육십 고개 넘어섰다. 가노라고 가다가 지분거리고 저기서 눈 속이고 여기서는 이냥 들켜버린 이승살이. 오온(五蘊)에 매여 연줄 끊지 못하고, 세상이 날 선 세상인데 풍경인들 여북하겠나?

지금은 목쉰 풍경이 무심히, 무심히 운다.

※ 이문구 소설 「가을 소리」 부분 패러디.

아침 식탁

머나먼 남태평양 바닷바람 묻어 있는
육질 고운 참다랑이 배 밑 살도 놓인 식탁
우리네 잡식성 야망, 목젖을 자극한다.

성에 낀 저 창밖은 바람 또한 흉흉하다.
입에 달던 푸성귀도 어느덧 씁쓰름하고
사는 일 젓가락질이 이리도 망설여지나.

산은 산끼리 둘러앉아 호연지기 나누는가.
굴뚝새 내려앉은 영하 깊이 잠든 마을, 일출구(日出口) 잃은 사직의 아침 더듬으면
아득한 박명의 하늘
성긴 눈발 내린다.

그해 겨울 칸타빌레

백설기 눈가루가
팔한지옥(八寒地獄) 얼음 위에
켜켜이 포개져 있다.

빛 부스러기
내려앉은 호숫가에
금비늘 뒤척이고

휘굽은 다복솔 가지
오도송을 외고 있다.

떨켜

쪽잠 든 겨울 산의 각질(角質)이 들떠 오르고
봄빛 감고 누룩 딛는 그 황홀 가눌 길 없네,
이내 몸 겨드랑이에 열꽃 피는 가려움을.

이승 반 저승 반쯤 산이 졸다 눈뜨는 기미
엿기름물 홍건히 괸 신생(新生)의 아침을 물고
겨워서 울먹 울먹이다, 숨 고르는 나의 떨켜!

춘투(春鬪)

1

겨우내
양지바른 쪽
배돌던 무명씨같이,

갈래머리 여고생의
발화(發火)하는 입매같이,

울금 빛
궐기(蹶起)를 한다.
온 산천이 꿈틀댄다.

2

무릎베개 괴어주던
마른 그
억새풀 사이

우리 살의 생땅 냄새

흠흠 맡는 민들레야.

척하니,
육탈하는 꽃받침
징 소리로 쏟아진다.

백련꽃 사설

얕은 바람에도 연잎은 코끼리 귀 펄럭이제.

연화차 자셔보셨소? 요걸 보믄 참 기가 맥혀. 너른 접시에 연꽃이 쫙 펴 있제. 마실 땐 씨방에 뜨거운 물 자꾸 끼얹는 거여. 초파일 절에 가서 불상에 물 끼얹대끼. 하나 시켜놓고 열 명도 마시고 그래, 그 향이 엄청나니께. 본디 홍련허구는 거시기가 달라도 워느니 달러. 백련 잎은 묵어도 홍련 잎은 못 묵거든. 연근은 둘 다 묵지마는 맛이 영판 틀려. 떫고 단면이 눌눌한 것이 홍련이제. 백련 뿌리는 사각사각하고 단면도 하얘.

백련은, 진창에 발 묻고설랑 학의 날갤 펼치제.

※ 강신재의 「우리 마을 이야기—전남 무안군 일로읍 복룡 백련마을」 패러디.

검은등뻐꾸기 세상 끝을 울리네
— 달마산 미황사

이젠 대팻밥 같은 구름 몇 장 남아 있다.
바람은 능숙한 목수, 구름 허리 대패질하고
경쇠도 잠재운 노을이 대웅전을 금칠한다.

돌아가라 돌아가라, 울부짖는 동박새야.
동백 숲 으늑한 길 부도 밭에 접어들면
거북이, 물고기, 게가 서방정토 밀고 가네.

세월 밥 천년 먹으면 땅끝 바다도 귀 여는지.
홀딱 벗고 홀딱 벗고, 빡빡 깎고 빡빡 깎고,
무심한 검은등뻐꾸기 세상 끝을 울리네.

미황사 어스름은 눈이 시린 푸른빛이다.
올려 보나 내려 보나 눈물 묻은 푸른 이내
파도에 발목 적시는 가을은 다시 돌아오고.

산은 막막 비어 있었지

비렁뱅이 득시글했지, 옛 중국 아편굴엔

저녁 어스름 속에 티눈 같은 눈발 날리고 있었지. 몰락하는 길섶 한 켠 남루의 옷자락 펄럭거리고, 이따금 북극곰처럼 비렁뱅이 몸을 웅크리다 메마른 흙먼지 비질하고 있었지. 이에 저에 문전걸식 주발이며 헝겊 조각, 놋요강이며 가재도구 쇠푼 한 닢 바꿔 먹었지. 사위는 고요했지. 서걱거리는 억새 소리 밟으며 다가오는 썰렁한 죽음의 시간, 산은 막막 비어 있었지. 어둠이 모든 것을 먹어치우고, 허허 들판 먹어치우고, 울근불근 우적우적 동냥밥 먹어치우고, 흐무러진 뼈마디 옹근 살을 먹어치우고, 신갈나무 마른 산을 먹어치우고, 어둠이 어둠을 먹어치워 앞을 보면 막막 산과 텅 빈 하늘뿐. 가슴살 반쯤 가린 늙은 비렁뱅이 철 지난 홑적삼도 어느 아편쟁이가 벗겨 갔지. 햇귀의 순금 화살이 쉴 새 없이 땅 위로 쏟아져 내리고, 한 무더기 잿더미가 풀썩 맥 잃고 무너지듯 비렁뱅이 허물어졌지. 허물어진 비렁뱅이 벌거숭이는 대명천지 이른 아침 찌그러진 동냥 그릇, 귀 닳고 이 빠진 양은 식기로 푸르딩딩 시르죽은 거시기만, 거시기만 겨우 가린 채 누워 있었지. 어디선가 느닷없이 달려 나온 젊은 비렁뱅이 거시기 가린 양은 밥그릇 냅다 벗겨 달아나다, 삼십육계 줄행랑치다 일순 토끼눈 하고 서서 앗, 아부지!

그 아비 쭈그렁 불알만 하늘다랗게 달랑달랑…

슬픈 틀니

1

몸이 당최 만연체여서
군말이나 섬긴 건지,
분외(分外)의 접미사를
날것 이냥 부린 건지
이 뭐꼬!
저작이 굼뜨고
잇몸 죄 헐었을라.

2

삼킨 눈물 밥상머리
수사(修辭) 또한 부식되고
살 비늘 검불같이, 뚝뚝 지는 조사(助辭)같이
아하, 저
뻐 · 꾸 · 기 · 처 · 럼
딸꾹질하는 저녁에.

3

내 혀는, 그의 입속에, 비굴하게 갇혀 있고*
사는 일 죄만 같아
들러붙은 치석인가.
바람 든
잇바디 사이
달칵거리는 틀니.

* 김선우의 시 「만약 내 혀가 입 속에 갇혀 있길 거부한다면」 일부 차용.

해거름 바다 행전(行傳)

훌쩍 키를 넘겨버린 늙은 억새 숲 사이로
생살을 드러낸 갯벌, 파도의 문신 새기고
오늘의 마지막 빛이 한 뼘 한 뼘 이울고 있다.

야트막한 물길 짚고 자맥질하는 검은머리물떼새
헹가래 치는 물이랑이, 먼 해조음 실어 나르고
해종일 통성기도하듯 개어귀 조약돌 닦고 있네.

팍팍한 속 다 풀지 못한 푸른 귀의 바닷물
꿈결처럼 생시처럼 바스러지는 물보라에
보란 듯 젖은 무릎을 슬며시 감추는 저녁 바다.

뜬금없는 소리 2

천둥이 번개 되고 번개가 벼락 되지.

도구통 들여다보면 무거리 같은 귀신, 떡시루 들여다보면 시룻번 같은 귀신, 잔칫상 들여다보면 찰떡 밑에 메떡 같은 귀신, 쓰고 남은 잔돈 부스러기마냥 몽땅 저질이고 시답잖고 폭폭한 속 찍자나 붙는 것 뿐, 그런 귀신 모이면 장난판이 난장판 되고 난장판이 야바위판 되지. 산적 떼나 비적 떼나 불한당 떼나 파당 파쟁 패거리 우두머리 다 나와서 차포마상(車包馬象) 벌여 앉아, 술꾼 춤꾼 계꾼에다 선거꾼 낚시꾼 거간꾼 노름꾼에 개평꾼 난봉꾼 말썽꾼 도굴꾼 사냥꾼에다 빗쟁이 허풍쟁이 화류쟁이 바람잡이 넌덕을 떨고, 개나 걸이나 갯물 민물 없이 함께 후덩거리다 감투거리 빗장거리 낮거리 밴대질도 배우고, 자발없는 철부지 잡도리하듯이 재우치고 다그치고 되곱치고 엉너리 치고 능갈치고 둘러방치다

짝! 하니 생장작 패듯 복장 터지는 소리라니.

※ 이문구 소설 「내 몸은 너무 오래 서 있거나 걸어왔다」 부분 패러디.

명적(鳴鏑)

꿈결엔 듯
소스라치다
자리끼를 드는 순간
삼천 대천 미물들이
돈오돈수(頓悟頓修) 깨어나고
부르르
우는살 소리,
명치끝을 내리친다.

앉으나 서나
살 떨리는
화통지옥 이생에서
한 시대 과녁을 겨눈
시위 떠난 불의 화살
부르르
우는살 소리,
적멸 천리 문을 친다.

능소야, 능소

속울음
붉디붉게 펴 올리는
능소(凌霄)야,
능소

애닯게 잉잉거리는
호박벌
늦은 젖 물리고

세상에!
눈먼 돌부처를
툭, 툭
깨운
저 능소야.

꽃, 모반(謀反)의 7월

흘레붙듯
흘레붙듯
숨 겨운 이생의
한때

솔기 닳은
생애의 즐문
소금쩍이 일고 있다,

주사(朱砂) 빛
노을을 접는
추레한
꽃의
둔부.

불 먹은 듯
불 먹은 듯

각시투구꽃* 권속(眷屬)들이

알종아리 와락 걷고
가시버시 어깨 겯다

아, 울컥
미친
맹독(猛毒)의
날 선 칼을
겨눈다.

* 7~8월에 짙은 자주색 꽃을 피우는데 독을 품고 있다.

뜬금없는 소리 8

구만허구,
그 뭣이여. 이쁜이 계,
그거나 좀 일러봐.

이르나 마나, 이쁜이를 이쁘게 수술허자면 목돈이 드니께 아낙들은 계를 허구, 계를 타면 수술을 헌다 이거라. 수술이나 마나, 집이는 병원에서 애를 낳았으니께 상관읎을 겨. 병원서 낳으면 그 자리에서 츠녀(處女) 때처럼 쫍으장허게 꼬매주거던. 그런디 우리는 워디 그려? 두 애구 시 애구, 애마두 집에서 낳았으니 이쁜이가 헐렁이 다 되었지… 헐렁해진 이쁜이를 오리주둥이 같은 걸루다 떡 벌려놓구 양말짝 뒤집듯 홀랑 뒤집어설랑 쫍으장허게 꼬매는 겨. 아따 제미, 시물니물 묵은 홍어 밑구녕두 식초 한 방울 떨어뜨리면 오동보동해지듯이. 워째서 암말 읎어? 툭허면 나가 자구 온다구 바깥양반 구박헐 일이 아니라니께 그러네. 그 뭣이다, 이쁜이 계가 산도(産道)를 초산 전 생김새대로 돌이켜주는 봉합 수술 계여.

어떤감?
이녘도 솔깃허는 겨?
가자미눈 뜨는 것이.

※ 이문구 소설 「우리 동네」 부분 패러디.

대흥사 속 빈 느티나무는

하 무더운 한여름 밤 네댓 아낙 놀러 나왔지.

대흥사 피안교(彼岸橋) 밑 으늑한 개울가의, 말추렴 반지빠른 마흔 뒷줄 아낙들이 푸우푸 멱을 감았지. 유선장 감고도는 가재 물목 돌팍 위에 웃통이며 속옷이며 훌훌 벗어 던져놓고 멱 감았지, 멱을 감았어. 미어질듯 풍만한 살이며 둔부 이리 움찔 저리 움찔, 출렁거리는 앞가슴을 홀라당 드러내고 멱을 감았지. 접시형 젖가슴에 원뿔꼴 유방하며 반구형 사랑의 종 감긴 달빛 풀어내고 물장구 첨벙첨벙 멱 감는 아낙네들 곁눈질하던 저 느티나무, 아니 볼 것 훔쳐다 본 자발없는 관음증 느티나무. 벌거숭이 여인네들 속살 몰래 보기 송구하여 아으! 타는 가슴 쓸어내리다, 천년토록 쓸어내리다,

휑허니 도둑맞은 드키 속이 저리 비었대.

박시교 편

꽃 또는 절벽

누구나 바라잖으리

그 삶이

꽃이기를,

더러는 눈부시게

활짝 핀

감탄사기를,

아, 하고

가슴을 때리는

순간의

절벽이기를

지상에서 가장 아름다운 이름

그리운 이름 하나 가슴에 묻고 산다

지워도 돋는 풀꽃 아련한 향기 같은

그 이름

눈물을 훔치면서 되뇌인다

어머니
—그 사이

반세기 넘게 땅에 묻혀 구멍 난 녹슨 철모

그 아픈 상흔(傷痕) 뚫고 싹 틔운 풀꽃 본다

가녀린

꽃 흔들림 본다

오, 죽창(竹槍)과

피리 사이

연리지 생각

나무가 나무에게 기대어

푸릅니다

사람이 사람에게 기대어

정겹습니다

눈물이

내게 기대어

따뜻했으면 합니다

더불어 꽃

얼마큼 황홀해야 갇혔다 하겠느냐

이미 나는 네 안에서 봄날 아지랑이처럼 가물가물
피어나는 가쁜 숨결일 뿐인 것을

무엇을 더 바라겠느냐
이만하면 꽃이다

나의 아나키스트여

누가 또 먼 길 떠날 채비하는가 보다

들녘에 옷깃 여밀 바람 솔기 풀어놓고

연습이 필요했던 삶도 다 놓아버리고

내 수의(壽衣)엔 기필코 주머니를 달 것이다

빈손이 허전하면 거기 깊이 찔러 넣고

조금은 거드름 피우며 느릿느릿 가리라

일회용 아닌 여정이 가당키나 하든가

천지에 꽃 피고 지는 것도 순간의 탄식

내 사랑 아나키스트여 부디 홀로 가시라

낙화 1

꽃잎 분분히 지던 지난봄 그 어느 날*

마침내 실직의 긴 대열에 끼이고야 만 나를 우정 위로한다며 불러낸 거래처 공장장, 눈물 글썽이며 두 손 꼭 잡는 그 힘이 너무도 따뜻했다. "우리께도 지난달로 거덜났어요……" 내 일보다도 그의 실직을 더 걱정하며 거푸거푸 잔을 비운다. 취하라고, 취하자고

답답한 마음 비켜서
—보옴나알은 가안다

누가 적막강산을 함부로 노래하는가

저마다 가슴에 묻을 깊이 모를 아픔 있어

꽃은 또 파르르파르르 저렇듯 지누나

* 아이엠에프 때.

빚

살면서 내가 진 빚이 너무 많구나

평생을 등짐 져
갚아도 다 못 갚을

그 빚을 얼마나 더 지려고
오늘을 또 살았다

거느린 식솔이야 연(緣)의 굴레 썼다지만

가난한 주변머리로 쓴
고작 몇 줄의 시

그것이 드넓은 천지에
무슨 보탬 되겠는가

새삼 사는 일이 숙연해지는 오후 한때

눈 감고 생각느니,
산같이 우람한 저 빛

그 아래 풀벌레처럼 엎드려
오오 곡(哭), 곡할밖에

그리운 죄

그립단 말 함부로 한 내 죄 늦게 알았네

외로움과 혼동하여 마구 썼던 것까지도

그러니 어쩌겠는가, 사람이 그리운 걸

일부러 산 밑 먼 길 휘돌아 흐르는 강

풍경 하나 멈춰 선 듯한 그 적막이 서러워서

억지로 눈물 삼켰던 어릴 적 죄 키웠음도

수유리에 살면서

수유리에 살면서 내 가장 즐거운 날은

밤새 비 내려서 계곡물 넘치는 때

그 소리 종일 들으며 귀를 씻는 일입니다

어떤 때는 귀 혼자서 고향 냇가 다녀도 오고

파도 소리 그립다며 동해 나들이도 즐기지만

이날은 두 귀 하나 되어 꼼짝도 않습니다

수유리에 살면서 안빈(安貧)이란 옛말을

새록새록 곱씹을 때도 바로 이런 날입니다

당신도 들었으면 해요, 귀 씻는 저 물소리

다시 수유리에서

수유리에 오시려거든 되도록 비 내리는 날

우산은 받지 말고 그냥 오십시요

가슴은 술로 데우게 겉만 젖어 오십시요

우거진 상수리나무 숲길 지나 어느 등성이

굳이 정상 아니더라도 도봉(道峰) 마주해 앉으면

마음속 은밀한 앙금도 녹아나게 마련입디다

비 오는 날 수유리에 오실 때에는 또 한 가지

잊지 말고 시계는 풀어놓고 오십시요

어차피 흐르는 세월은 물 같은 것이기에.

빈손을 위하여

또 한 번 쓰러지기 위해 나는 일어선다

나뭇잎 죄다 떨군 겨울나무의 의지처럼

시작은 언제나 그렇게 힘겹고 쓸쓸했다

등불을 밝히듯이 모든 사유들을 닦지만

남루한 모습은 끝내 지울 수가 없구나

지나온 우수의 길 위로 불 지피는 저녁놀

아름답다, 삶의 처연한 상처까지도 아름답다

곧이어 어둠의 깊은 장막은 내려질 것이고

마침내 그 무대 뒤에서 혼절할 한 사람.

목포의 눈물 1

그리운 섬 하나 마음에 두려 목포에 갔다

이난영의 그 애절한 눈물 보러 목포에 갔다

바다를 돌아앉은 유달산이 초췌한 그 목포에

삼학도 푸른 파도는 잠든 지 이미 오래고

바닥을 다 드러낸 영산벌은 끝이 없구나

가슴에 묻어야 할 말 '목포는 항구다'

겨울 광릉에서

세상일 문 닫아버린 겨울 광릉에 가서

발목 잡는 눈에 갇혀 한 마리 짐승 되면

마침내 마음의 귀로 듣게 되는 산 우는 소리

내 몸을 내리치는 그것은 칼바람 소리

이 순백(純白)의 계절에 홀로 남루한 자, 곧은 의지의 생명들 앞에 더없이 비굴한 자의 상심(傷心), 아아 눈 숲에 엎드린 작은 나의 짐승이여

타는 듯 핏빛으로 번지는 내 안의 갈증이여

이별 노래

봄에 하는 이별은 보다 현란할 일이다

그대 뒷모습 닮은 지는 꽃잎의 실루엣

사랑은 순간일지라도 그 상처는 깊다

가슴에 피어나는 그리움의 아지랑이

또 얼마의 세월 흘러야 까마득 지워질 것인가

눈물에 번져 보이는 수묵 빛 네 그림자

가거라, 그래 가거라 너 떠나보내는 슬픔

어디 봄 산인들 다 알고 푸르겠느냐

저렇듯 울어쌓는 뻐꾸긴들 다 알고 울겠느냐

봄에 하는 이별은 보다 현란할 일이다

하르르하르르 무너져 내리는 꽃잎처럼

그 무게 견딜 수 없는 고통 참 아름다워라

사랑을 위하여

세상일 가만히 들여다볼라치면

어디 눈물 아닌 것 하나 있을까만

어쩌다 목련꽃 벙그는 화사함도 보게 마련

울멍울멍 솟구치던 가슴속 그리움도

목울대 꺼이꺼이 복받치던 울음까지

이제는 하나로 잦아들어 노래가 되던 것을

그 노래에 애증 없어 강물처럼 흐르던 것을

구비마다 숨죽이던 아픔은 들풀로 돋고

이슥고 그 잎에 맺힌 사랑도 보게 되리

나무에 대하여

나무도 아름드리쯤 되면 사람이다

안으로 생각의 결 다진 것도 그렇고

거느린 그늘이며 바람 그 넉넉한 품 또한

격으로 치자면 소나무가 되어야 한다

곧고 푸르른 혼 천년을 받치고 서 있는

의연한 조선 선비 닮은 저 산비탈 소나무

함부로 뻗지 않는 가지 끝 소슬한 하늘

무슨 말로 그 깊이 다 헤아려 섬길 것인가

나무도 아름드리쯤 되면 고고한 사람이다

협객을 기다리며

이 땅에 늦지 않게
한 협객이 왔으면 싶다

말들만 잡초처럼 무성한 이 강산을

단칼에 쓸어버리고 말
눈빛 형형한 협객이.

썩은 것은 도려내고
망령들은 쳐내야 한다

지쳐서 쓰러지는 마지막 순간까지

마침내 여명(黎明)의 강이
흔적 씻는 아침까지.

협객이 오는 그날이
오늘이면 참 좋겠다

이제 더는 물러설 곳 없는 여기 벼랑 끝에서

한 목숨
불살라도 좋을
찬란한 그 개벽 위해.

옹이

바람은 그 자취를 남기지 않는다지만

지난 뒤 돌아보면 아련한 저 그리메

지워도 지워지지 않을 상처는 남았구나

그 무엇에 목맬 일 있었을까 싶다가도

문득문득 떠오르는 죄스러운 어제 일이

여직도 못내 사무쳐 가슴을 짓누른다

사람의 평생에 옹이는 몇 개나 지며

고비마다 쏟아놓던 사설은 또 몇 편이던가

이쯤서 접어도 좋을 내 생의 한 필 두루마리

봄산에 가서

내가 봄산에 가서 꽃이 되고 숲 되자는 것은

수없이 무너졌던 너에 대한 그리움이

아직도 마음의 나무처럼 자라고 있기 때문

이만치 떨어져서 바라보기만 하자고

한때는 짐짓 거리를 두기도 하였지만

간절한 바람 그마저 허물 수는 없었기 때문

이제 이러면 되겠느냐, 내가 다시 꽃으로

잎으로 싱그러운 푸름으로 펼쳐 서면은

그래서 내 몸이 봄산과 하나 되면 되겠느냐

봄, 별리(別離)

저만치 앞서 가는 세월의 그림자를

일부러 놓아버리고 서성이는 봄날 한때

눈부신 아기 초록에 마음 잠시 기대본다

무얼까, 삶의 길목마다 내가 잃은 것은

자꾸만 뒤가 허전하여 버릇처럼 돌아보며

그 먼 길 처음 설렘으로 너를 또 기다린다

산다는 것은 어쩌면 헤어짐의 아픈 되풀이

아니면 오랜 기다림 끝에 돌로 굳어버린 꿈

그 상처 홀로 꿰매는 고통인지도 모른다

쑥을 캐며

공초(空超) 묘 옆에서 아내와 쑥을 캔다

햇살이 미풍에 흔들리는 사월 한낮

산벚꽃 하르르하르르 지는 소리 들으며

저렇듯 옆에서는 한 세월이 무너지는데

둘만의 향기로운 저녁 식탁을 위해

우리는 아무 말없이 봄을 캐 담는다

가을산을 보며

시월이여, 여윈 네 모습 부셔라, 마냥 눈부셔

그 무슨 병처럼 가슴에 타오르는 불

내 안다, 안으로 울음 삼키는 저 산 속앓이

먼 사람아, 가을산 같은 그리운 사람아

사랑도 열매처럼 달게 익을 수는 없는가

시간은 머물지 않고 흘러만 가는데

눈물처럼 번져오는 그리움의 메아리

그 아득한 구비 돌아 또 한 세월 저문다

그림자 길게 드리운 한 사내의 가을 저문다

비

비 오시는 일 하나로도 세상은 자욱한데

풀숲들은 저마다의 몸짓으로 술렁대고

누가 또 풀어놓았을까, 먹물처럼 번지는 안개

여직 강을 건너지 못한 꽃들 젖어서 지고

이쯤에서 당신마저 작별하고 돌아서려는데

산 같은 음울한 적막이 내 앞을 막아선다

독법(讀法)

산이라 써놓고 높다라고 읽는다

하늘이라 써놓고 드높다라고 읽는다

한 사람

그 이름 써놓고 되뇌는 말

— 그립다

이우걸 편

비누

이 비누를 마지막으로 쓰고 김 씨는 오늘 죽었다.
헐벗은 노동의 하늘을 보살피던
영혼의 거울과 같은
조그마한 비누 하나.

도시는 원인 모를 후두염에 걸려 있고
김 씨가 쫓기며 걷던 자산동 언덕길 위엔
쓰다 둔 그 비누만 한
달이 하나 떠 있다.

산인역

8월 하순 다 낡은 국밥 집 창가에 앉아
온종일 질척이며 내리는 비를 본다
뿌리도,
없이 내리는
실직 같은 비를 본다.

철로 건너편엔 완만한 산자락
수출처럼 부산하던 철쭉꽃은 지고 없는데
살아서 다졌던 생애의
뼈 하나 묻히고 있다.

부록

1

각주도 나보단 팔자가 낫다고
뒤 페이지에 앉아서 투덜거릴 때가 있다.
세상이 그런 불평을 받아주진 않지만.

서언(序言)처럼 유려하게 얼굴을 내밀 수 없고
결론처럼 화끈하게 주장을 펼 수 없다는
카니발 뒷좌석에 앉은
부록들의
불만을.

2

아내의 성화에 못 이겨 전셋집을 옮기고
아들의 고집으로 전학을 시키면서
김 씨는 어쩌면 자기가
부록 같은 생이라고?

모란

피면 지리라

지면 잊으리라

눈 감고 길어 올리는 그대 만장 그리움의 강

져서도 잊혀지지 않는

내 영혼의

자줏빛 상처.

사무실

시계가 눈을 비비며
열두 시를 친다
반쯤 남은 커피 잔은 화분 곁에서 졸고 있고
과장은 혀를 차면서 서류를 읽다 만다.

문은 굳게 닫혀 있고
의자들은 말이 없다
창밖엔 클랙슨 소리 목쉰 확성기 소리
자세히 들여다보니
벽에도 금이 가 있다.

꽃

1
꽃들은 보충 질문처럼 조금씩 열려 있다
벌들은 그 문을 잘 알고 드나든다
친수성(親水性) 잎들이 빚은 신록 같은 이 아침.

2
스스로는 알 수 없는 생의 유한 때문에
항상 웃고 있지만 슬픈 바코드다
꼭 한 번 맞고 싶었던 이 절정의 순간에도.

3
언젠가 일궈야 할 나만의 영토를 위해
상처만큼 더 깊숙이 문신을 새기며 산다
향 깊은 목숨일수록 억센 가시 세우며.

4
유통기한 지난 것들은 사체처럼 부식한다
전율과 응혈이 그 안에 담겨 있다
받은 명 곱게 익혀서 씨앗으로 남기기 위해.

새벽

기다리는 사람에게만 새벽은 새벽이 된다
봉두난발 상처뿐인 제 가슴 쥐어뜯으며
유백의 찻잔을 만드는
어느 도공의 기도처럼.

길은 아직 헝클린 채로 안개 속에 묻혀 있는데
조간처럼 달려온 소중한 여백 하나
새로운 출발을 권하는
아 숨 가쁜 초인종이여.

소금

불면의 시대를 각으로 떠서 우는
부패한 시대를 모로 막아 우는
짜디짠 너의 이름을 소금이라 부르자.

마침내 굴욕뿐인 이승의 현관 앞에서
네가 걸어와야 했던 유혈의 가시밭길
이고 진 번뇌의 하늘 그 또한 얼마였으리.

이제는 지나간 역사의 창이라지만
어느 누가 염치없이 네 이름을 훔치려 하나
소금은 말하지 않아도 제 분량의 영혼이 있다.

이름

자주 먼지 털고, 소중히 닦아서
가슴에 달고 있다가 저승 올 때 가져오라고
어머닌 눈감으시며 그렇게 당부하셨다.

가끔 이름을 보면 어머니를 생각한다
먼지 묻은 이름을 보면 어머니 생각이 난다
새벽에 혼자 일어나 내 이름을 써보곤 한다.

티끌처럼 가벼운 한생을 상징하는
상처 많은, 때 묻은, 이름의 비애여
천지에
너는 걸려서
거울처럼
나를
비춘다.

이명

가려서 들을 수 없는 귀의 숙명이여

오늘은 문 닫아 걸고 제 한(恨)의 소리로 운다

이 세상 마른 갈밭을

휩쓸고 가는 바람소리.

흉터

나를 운반해온 시간의 발자국이여
상처를 꿰매고 요오드를 바르던
가파른 생의 기록을 너는 옮겨놓았구나.

서투른 보행으로 걸려 넘어지고
스스로 힘겨워 무릎을 꿇기도 했던
지금은 추억으로만 다가오는 이름 이름들.

망각이 결코 미덕만은 아니다
칠흑이 비춰주는 별빛의 형형함으로
새로운 행로를 위해
나는 너를 읽고 있다.

진해역

시트콤 소품 같은 역사(驛舍) 지붕 위로
누가 날려 보낸 풍선이 떠 있다.
출구엔 꽃다발을 든
생도(生徒) 몇 서성이고.

만나면 왈칵
눈물이 쏟아질 듯한
오랫동안 잊고 살았던 그 순백을 만나기 위해
이 나라 4월이 되면
벚꽃 빛
표를 산다.

달맞이꽃

작은 웃음 보이며 맑게 맑게 반짝이며

노을 속에 서 있는 산 개울가의 너는

장님이 데리고 가던

어느 딸애의 살결 같은 꽃.

아직도 우리 주위엔 직선이 대세다

아직도 우리 주위엔 직선이 대세다
바로 지시하고 바로 반응하고
길들은 산을 뚫어도 스트레이트로 뻗어야 하고.

건물들은 눈치껏 가로세로를 맞추고
사람들은 안전선 밖에 일렬로 서야 하고
아직도 우리 주위엔 직선이 대세다.

쉽고 편하고 강하다고 생각하지만
직선은 굳으면 칼날이 된다는데
아직도 우리 주위엔 직선이 대세다.

바다

알몸의 저녁 바다가 유리창에 어린다

충혈된 항구의 피로 같은 노을이

어부의 구릿빛 이마 위를 바퀴벌레처럼 기어 다닌다.

링

와지마 고이치를 아는 이는 별로 없다
그를 쓰러뜨렸던 유재두도 마찬가지다
시간은 지난 영웅을 빠르게 지워버린다.

그러나 도처에 사각의 링이 있다
부지런히 팔을 내밀어 자신을 지키거나
의외의 펀치를 맞고 쓰러지는 경우뿐인.

오늘 또 준비 없이 링 위에 올라야 한다
나를 옥죄어오는 피치 못할 옵션 때문에
생애의 스파링이란
가파르기 검과 같다.

안경

껴도 희미하고 안 껴도 희미하다

초점이 너무 많아

초점 잡기 어려운 세상

차라리 눈 감고 보면

더 선명한

얼굴이 있다.

열쇠

세상은 고비 때마다 열쇠를 만든다
평범한 사람들은 그 열쇠를 볼 수가 없고
영악한 몇 사람만이
피 흘리며 뺏어 가진다.

시간이 지나고 보면 열쇠란 재앙 같은 것
못 가져서 평온했던 가난한 손길들이
가져서 상처를 지닌 영혼을 보살핀다.

봄비

그것은 신의 나라로
열려 있는 음악 같은 것

불타는 들을 건너서 얼음의 산을 넘어서

돌아와
가슴에 닿는
깊은 올의 현악기.

텅 빈 벤치에서도 시멘트 벽 속에서도

수없이 잊어야 했던
가난한 이름들을

이 밤에 모두 부르며
봄비는 길을 떠난다.

맹인

맹인은 사물을 손으로 읽는다
손은 그가 지닌 세계의 창이다
마음이 길을 잃으면
씁쓸한 오독(誤讀)도 있는……

눈 뜬 우리는
또 얼마나 맹인인가
보고도 만지고도
읽지 못한 세상을
빈 하늘 뜬구름인 양
하염없이 바라본다.

눈

환각제 가루 같은
흰 눈이 내리고 있다
버려진 지구의 육신을 문지르며
은밀히 감춰두었던 어둠과도 입 맞추며

눈은 내리고 있다
일순의 현란한 위장
사람들은 말없이 창문을 닫고 있다
잠 깨면 다시 맞이할
덧없는 혁명 같은.

가야산

겨울은 늘 푸른 잎만
가신처럼 거느렸구나
저 세속의 길이 날라온 얼룩을 바라보면
철없이 몸에 감았던 분홍이 부끄럽다.

계곡 아래서 나는 불을 쬐고 있다
외투처럼 그 온기가 어깨를 다독일 때면
섭생의 도를 안내할
한 스님이 닿으리라.

기러기 2

만장처럼 젖은 글발이 하늘에 펄럭인다

저 횡서의 상형문자를 달빛에 비춰 보면

추억을 현상해내는 미세한 필름이 있다.

옷

1

할머니 한 분이
수의를 다리고 있다
다가올 여행을 위한
설레는 준비라며
노을이 마루 끝까지 조심조심 깔리고 있다.

2

애육원 뜰 앞엔 두 소녀가 앉아 있다
연보라 티를 똑같이 입고 있다
언니가 보라는 듯이 싱긋 손을 흔든다.

지상의 밤

돌아오지 않고 있는 딸들을 기다리다
이 땅의 어머니들이 지쳐 잠에 빠지는 시간
집들은 상한 희망을 하수구에 내다 버린다.

칼날 같은 거리와 귀먹은 벽 사이에서
한 움큼의 부엽토도 되지 않는 믿음들
쓸쓸한, 날을 접으며
내일이 오고 있다.

유재영 편

조선 옹기를 주제로 한 세 가지의 시적 변용

1

이 나라 지극한 인심이며 햇빛이며
봉숭아 꽃물에다 우리 누님 울음까지
잘 구운 질흙 대장경 오디 빛 저 항아리

2

야호……! 소리치면 해맑은 되울림이
목청 고운 아이가 언제나 살고 있어
일곱 살 깨금발 딛고 찾아가던 뒤울안

3

빗물 고인 소래기 잠시 머문 구름처럼
이순(耳順)의 한 윤곽이 가만히 지워진다
지워도, 남는 굽 자국 육필(肉筆) 같은 생이 있다

바람이 연잎 접듯

어린 구름 배밀이 훔쳐보다 문득 들킨

절지동물 등 높인 이끼 삭은 작은 돌담

벽오동 푸른 그림자 말뚝처럼 누워 있다

고요가 턱을 괴는 동남향 툇마루에

먹 냄새 뒤끝 맑은 수월재 한나절은

바람이 연잎을 접듯 내 생각도 반그늘

차 한 잔 따라놓고 누군가 기다리다

꽃씨가 날아가는 방향을 바라본다

어쩌면 우리 먼 그때, 약속 같은 햇빛이며

어머니 쌀독

1

그만 됐다, 고단한 하루 일을 끝내고
어둑한 상머리에 둘러앉은 식구들
외양간 워낭 소리도 권속(眷屬) 같던 그날 밤

2

임진년 가뭄에도 갑오년 홍수에도
시린 어깨 추스르며 한 가문을 지켰느니
이 나라 그릇 중에도 제일 큰 어른이여

3

언제나 못다 채운 우리 집 쌀독처럼
6대 종부 가슴 조인 일생도 그러셨다
오늘은 어머니 휘일(諱日), 받쳐 든 메 한 그릇

떠나는 가을 길

1
흰 달 아래 마른 갈대 벌레 앉힌 늦은 밤
이 빠진 조선 제기 식솔(食率) 같은 낙과 몇 개
작은 방 가득 넘치는 감찰빛 이 호사여

2
어릴 적 돌팔매가 아직도 날아가는
이마 맞댄 열매들이 팽팽하게 휘인 허공
창 열자 말간 단물이 입안 가득 고여오다

3
보던 책 덮어두고 귀로 읽는 기러기 울음
떠나는 가을 길이 저리 환한 거라면
이런 날 아름다운 죄, 우리 한번 짓는 거야

11월

목월(木月)이 걸었다는
마포 당인리 길

조용히 어깨에 얹히는
나뭇잎 한 장,

누구의
보랏빛인가
허리가
가느다란

윤동주

자벌레가
기어가면
한 5분쯤
걸릴까

별과 별
사이에도
등이 말간
길이 있다

얼굴 흰
소년 하나가
말끄러미
쳐다보는,

오동꽃

언제였나 간이역 앞 삐걱대는 목조 2층

찻잔에 잠긴 침묵 들었다 다시 놓고

조용히 바라본 창밖 속절없이 흔들리던

멀리서 바라보면 는개 속 등불 같은

청음도 탁음도 아닌 수더분한 목소리로

해 질 녘 삭은 바람결 불러 앉힌 보랏빛

누구 삶이 저리 모가 나지 않았던가

자름한 고, 어깨를 툭 치면 울먹일 듯

오디새 울다 간 가지 등 돌리고 피는 꽃

계룡산 귀얄무늬분청사기

석류꽃 부신 뒤란 담 너머로 건네주던
후, 불면 날아갈 듯 그 사랑 눈빛 같은
백토로 새긴 물고기 헤엄치는 접시 바다

당초무늬 휘어진 그윽한 그늘 아래
도공의 막내딸이 와락 달려 안길 듯
나긋한 허리둘레로 저리 가쁜 숨소리

맨발로 눈썹달이 아장아장 걸어 나와
여울에 발 담그고 피라미와 놀다 가는
귀얄로 스쳐간 자리 물빛 가득 환하다

아버지 시학

언제나 경상 위엔 포롬한 붕어연적
아버지 두고 가신 지상에서 80년이
오늘은 눈보라 속에 세한도를 그립니다

굽힘 없는 해서체 필사본 논어 한 질
봄날에 쓴 글자에는 되감기는 아지랑이
가을에 쓴 글자에는 구절초빛 시간이

매화꽃 지는 밤엔 누가 와서 듣고 가나
장지문 환히 밝힌 촛불 같은 마음으로
고요도 먹물이 묻는 학이편(學而篇)* 읽는 소리

아버지……! 부르면 오오냐 대답할 듯
마지막 가시던 날 진솔옷 그 한 벌이
무덤가 초롱꽃 되어 손자 절을 받습니다

* 학이편(學而篇): 논어 학이편

홍시를 두고

1

첫서리 내린 마당 누구의 발작처럼
어디서 날아왔나 등 붉은 감잎 한 장
고향 집 노을이 되어 사뿐히 누워 있네

2

지우고 고쳐 쓰다 확 불 지른 종장같이
와와와 소리치면 금방 뚝 떨어질 듯
우주 속 소행성 하나 발그스름하니 물이 든다

3

굽 높은 그릇 위에 향기 높은 전신 공양
가만히 귀 기울면 실핏줄 삭는 소리
말갛게 고인 저 투명 문득 훔쳐 갖고 싶다

가을 이순(耳順)

접미사가 아름다운 누구의 운문이냐

맑게 고인 어둠 저편 난초 휘인 창문 하나

잔 가득 고요를 부어 절반쯤 마셔본다

귀얄무늬 잠길 듯 남겨둔 향기처럼

내 생각 마른 대궁 가만히 와 흔드는 이

이 밤도 지는 잎 소리 적막보다 크구나

모과

봉은사 칠십일과 판전* 글씨 닮은 가지
하늘빛도 무거워 휘영청 굽은 곳에
밀봉한 가을을 열자 기우뚱한 무게여

벌레 먹은 잎사귀 이마 반쯤 가린 채
종갓집 뒤란 밝힌 그 향기 묻어날 듯
낙과를 주워든 손이 조용히 떨려온다

툭, 하고 건드리면 움찔 놀랄 모습으로
손때 묻은 반다지 누구의 유산인 양
오늘도 남향 창가에 가부좌로 앉는 너,

* 칠십일과 판전(七十一果板殿): 추사가 71세 죽기 3일 전에 썼다는 현판 글씨. 서울 봉은사에 있음.

오래된 가을

수척한 햇빛들도 때로는 눈부셨다
조용히 몸 가리고 들꽃 피운 작은 언덕
다가가 만지고 싶던 손목 하얀 그 가을

돌아보면 아직도 물빛 같은 그리움이
첫사랑도 슬픔들도 내 생애 은빛 굴레
먼 안부 보낼 곳 없어 가득하던 그 허공

별을 보며

어느 날 먼 빛깔로 가만히 다가와서
조금만 스쳐도 쨍그렁! 소리 날 듯
저리도 오랜 설레임, 연둣빛 가슴이여

그리움도 하늘 닿으면 나도 하나 별이 될까
오늘처럼 흰 이마가 젖도록 푸른 밤은
누군가 함께 가야 할 그런 길이 보인다

쓸쓸한 화답

중년의 나이 앞에 툭! 하고 떨어지는

신갈나무 열매 하나 가만히 주워본다

화두란 바로 이런 것 쓸쓸한 화답 같은,

마른 꽃 흔들다가 혼자 가는 바람처럼

등 뒤로 들리는 가랑잎 밟는 소리

가벼운 이승의 한때, 문득 느낀 허기여

가을 은유

1
달빛이나 담아둘까 새로 바른 한지 창에
누구의 그림에서 빠져나온 행렬인가
기러기 머언 그림자 무단으로 날아들고

2
따라놓은 찻잔 위에 손님같이 담긴 구름
펴든 책장 사이로 마른 열매 떨어지는
조용한 세상의 한때, 이 가을의 은유여

3
개미취 피고 지는 절로 굽은 길을 가다
밑동 굵은 나무 아래 멈추어 기대서면
지는 잎, 쌓이는 소리 작은 귀가 간지럽다

저 봄 밤!

지는 꽃 그림자를
멀리 개가 짖는다

청명을 지나와서
물소리도 가벼운

북두 끝
누가 놓고 간
눈이 파란
저 봄 밤!

이 순간

덩굴손
긴 봄날이
흘림체로
쓰여지고
뻐꾸기
울음소리에
번져가는
푸른 적막
못 이룬
지상의
꿈이
메꽃으로
지고 있다

물총새에 관한 기억

작자 미상 옛 그림 다 자란 연잎 위를
기름종개 물고 나는 물총새를 보았다
인사동 좁은 골목이 먹물처럼 푸른 날

일곱 문 반짜리 내 유년이 잠겨 있는
그 여름 흰 똥 묻은 삐딱한 검정 말뚝
물총새 붉은 발목이 단풍처럼 고왔다

텔레비전 화면 속 녹이 슨 갈대밭에
폐수를 배경으로 실루엣만 날아간다
길 없는 길을 떠돌다 되돌아온 물총새

익명의 등불

풀무치 날아간 숲 무슨 일이 일어나나

자음과 모음으로 다 못 쓰는 수사학

우리들 찔레순 사랑 등성이를 넘는다

억새에 베인 바람 우우우 몰려가고

초롱꽃 이운 자리 멀리 가는 향기 있어

그날 밤 잠 못 이루던 익명의 등불 하나

햇살들이 놀러 와서

아가위 열매 익자 가만 휘는 무게여

잎사귀 뒤에 숨은 고 열매 빛깔까지

벌레에 물린 가을이 가랑잎처럼 울었다

보랏빛 여운 두고 과꽃으로 지는 하루

오늘은 한종일 햇살들이 놀러 와서

마른 풀 남은 향기가 별빛처럼 따스했다

그해 가을 월정리

적막한 무게 이고 서서 피는 들꽃이여

투명한 기척으로 낯선 별이 지고 있다

길 숨긴 잡목림 너머 등불 켜는 작은 집

어느 마을 누군가 이별을 하고 있나

가을 새 날갯소리 먹물처럼 번져가는

대숲은 음력 달 한 채 가슴속에 묻었다

다시 월정리에서

정강이 말간 곤충 은실 짜듯 울고 있는

등 굽은 언덕 아래 추녀 낮은 집이 한 채

나뭇잎 지는 소리가 작은 창을 가리고

갈대꽃 하얀 바람 목이 쉬는 저문 강을

집 나간 소식들이 말없이 건너온다

내 생애 깊은 적막도 모로 눕는 월정리

햇빛 시간

미나리 새순 같은
4월도 상순 무렵

초록빛 따옴표로
새 한 마리 울다 가면

내 누이
말간 눈물엔
나이테가 돌았다

가랑잎 판화

1

적막이란 적막들 모두 다 갉아먹은

깡마른 벌레 소리 오도독 씹히는 밤

내일은 적멸궁(寂滅宮) 앞에 열매 하나 더 붉겠다

2

생각도 깊어지면 감물이 드는갑다

빈 찻잔에 가라앉은 가랑잎 맑은 소리

닫힌 창 방긋이 열고 별빛까지 섞어보자

3

숨겨온 흰 종아리 명아주 대궁 같은

손 닿으면 울 것 같아 비워둔 그 자리에

누구냐, 달빛 가르며 길을 내는 저 사람은

|해설|

자유의 모험으로서의 현대시조

정 과 리

시조의 존재 이유: 구속은 자유를 내장할 수 있을까?

왜 지금 시조를 쓰는가? 이런 물음은 오랫동안 사람들을 괴롭혀왔다. 이것은 단순히 시조에 관한 것만이 아니라, 이미 '시효를 상실한' 모든 시 형식들에 대해 던져지는 불가피한 질문일 것이다. 하지만 한국의 전통적 시 형식 중에서 오늘날까지 생존을 위한 여정에 놓여 있는 건 시조뿐이다. 물론 한국인의 광범위한 집단 무의식 안에서 보편적으로 살아있는 리듬들은 좀더 저차원low level상에서 존속하고 있다. 가령, 4·4조를 기본으로 하는 두 음보 율격 같은 건, 오늘날에도 심심치 않게 '언어계'의 표층으로 부상하는 리듬이다. 그러나 그렇다고 해서 이것에 근거해, '가사(歌辭)'가 지금도 살아있다고 할 수는 없다. 그것이 그 리듬을 독점적으로 사용한다고 해서, 그 율격이 '가사'만의 독점적 율격은 아니기 때문이다. 그 율격은 가사뿐만 아니라 민요에 광범위하게 활용된 것이며, 심지어 시조의 초·중장에 통상적으로 구현되는 리듬이다. 시조나 가사는 한국인의 집단 무의식으로서의 리듬이 특정한 방식으로 재구성되고 변형된 특별한 언어 형식의 장르이다. 그것들은 무의식적 차원에서 흘러가는 것이 아니라, 의식적 차원에서 제작되고 감상되는 것이다. 그것들은 여러 종류의 리듬 요소들을 동시에 포함하고 있으며, 그것들을 중첩적으로 혹은 다각도로 배합해놓은 복합체이다. 간단히 말해 그것들은 다세포이다.

가령 시조[1]는 기본적으로 4·4조[2]의 네 음보 리듬을 한 행

---

1) 시조 형식에 대한 정의는, 그에 대한 오랜 논의를 종합적으로 검토하고 있는 윤영옥의 「21세기 시조문학과 지식 환경의 변화」(『만해축전(상)—광복 60주년·만해 출가 100주년 세계평화시인대회』, 만해사상실천선양회, 2005)에 근거한다.

2) 이에 대해서는 이의가 있을 수 있다. 음수만으로 보자면 2, 3, 4, 5 글자가 혼용되고 있기 때문이다. 그래서 윤영옥은, "각 음보는 3 또는 4개의 음절로 구성되는 것이 보통"이라고 적시한 다음, "이 기본 운율에서는 1음절 또는 2음절 정도를 더 보태거나 빼는 것은 무방하다"라고 덧붙이고 있는데, 3음절과 4음절을 모두 인정한다면, 그 범위는 1~6까지 된다. 이것은 지나친 면이 있다. 우리의 일상적인 리듬 감각을 생각해보면, "지국총/지국총/어사화" 식의 세 음의 되풀이보다는, "사람 위에/사람 없고/사람 밑에/사람 없다"는 네 음의 되풀이가 훨씬 자연스럽다. 따라서 위의 세 음의 되풀이는 더 세련된(의식적인 가공을 거친) 리듬으로 읽힌다. 이런 점들을 고려할 때 한국 언어문화의 기본 율격은 '4·4조로 된 2음보'로 보는 게 타당하다고 생각한다. "셰익스피어의 운문을 우리의 4·4조 운율(및 그 변형)로" 옮기는 과감한 시도를 한 이상섭은 "한국인의 '생래적' 운문은 4·4조이다. 우리 민요, 판소리도 4·4조이며, 시조는 그 운율을 살린 전형적 장르"라고 단언하고 있다(「4·4조의 운율에 담는 셰

(장)으로 두고 있으며, 각 장마다 가운데에 '사이 쉼'이 있어 각 장은 2구로 나뉘고, 전부 3행(장)으로 이루어져 있어 3장 6구를 이루면서, 종장의 첫 음보는 3음절로 고정되며, 두번째 음보는 5음절 이상으로 한다…… 등의 형식적 규칙을 가지고 있다.

시조를 장르로 만들어주는 것은 이 형식의 복합성이다. 아마도 '문학'을 구성하는 세 개의 층위를 고려해야 할 것이다. '단일 형식'은 모든 언어문화에 쓰일 수 있는 요소적 단위이다. 그것은 낱낱의 규약들이다. 반면, 언어문화가 미의 기운에 감싸이면, '문학적인 것' '시적인 것' 등으로 명명될 수 있는 '미적 언어문화'의 가정적 층위가 형성된다. 이 가정적 층위를 움직이는 기제는 규약들이 아니라, 이 미적인 것들에 사람들이 품는 '기대들'이다. 그리고 이 규약(들)과 기대(들) 사이에서 장르가 형성된다. 장르는 요소적 단위들, 즉 규약들의 특정한 선택과 배합으로 이뤄지는데, 그 선택과 배합을 이끄는 것은 그 장르가 '문학적'이기를, 혹은 '시적'이기를 바라는 사람들의 기대이다. 조너선 컬러Jonathan Culler는

익스피어의 로맨스극」, 『대산문화』, 2007년 봄호, p. 139). "평생 영문학 교수였지만 문학평론가로서 몇 종의 국어사전을 낼 만큼 우리말의 뜻과 가락에 남달리 민감함을 자부"하는 원로의 말에 나 역시 동의하는 바다. 단 이에 대한 탐구는 앞으로 정밀하게 이루어져야 할 것이다. 한국의 언어 감식가들은, 거의 반세기 이상을 '운율실체주의'와 그것을 더욱 좁힌 '음보주의'의 독재에 짓눌려 지냄으로써, 한국 언어문화의 리듬을 이해하기 위한 기본적인 자원조차 축적하지 못하고 있는 실정이다.

특별한 설명 없이 장르를 "규약들과 기대들의 총체"[3]라고 정의한 바가 있는데, 지금까지의 우리의 논지를 염글리는 명쾌한 진술이라고 할 수 있을 것이다.

정형의 장르는 규약들의 선택과 배합이 고정적이다. 시조에서 4음수를 기본으로 하는 2음보로서의 구, 이 구에 근거한 3장 6구의 형성, 그리고 종장 첫 두 음보의 이탈은 시조를 이루는 데 필수적인 규약들이다. 현대시조에서도 이 정형성은 존중되어야 할 것이다. 물론 현대의 시조 시인들은 위의 규약들 중, 마지막 규약만을 '필수적'인 것으로 설정하였다. 장르는 '규약들과 기대들의 총체'라는 앞의 명제를 상기한다면, 현대시조 시인들과 그 이론가들은 다른 규약들을 기대의 선반 위로 올린 것이다. 그러나 하나의 규약이라도 그게 있다면 그것은 엄청난 중력을 행사한다. 그 중력 때문에 '기대'의 선반 위를 구르는 어떤 형태적 특질들도 완벽한 자유 속에 놓일 수가 없다. 그것들은 규약의 관제탑과 끝없는 교신을 가져야 한다. 그 점에서 "시조는 형식에 갇힌 시가 아니라 형식을 갖춘 시다"[4]라는 단순한 진술은 핵심을 찌르고 있다. 그런데 이 '정형'은 곧바로 시조의 존재 근거에 대한 의문을 제기한다. 이러한 정형의 시가 오늘날 사회에서

---

3) Jonathan Culler, 『문학이론*Literary Thoery*』, New York·Oxford : Oxford University Press, 1997, p. 72.

4) 박기섭, 「21세기 시조의 지향과 모색」, 『서정과 현실』 17호, 2011년 하반기, p. 222.

왜 필요한 것인가? 이 물음에 대해, "정형미학의 본질을 손상한다는 건 어리석은 짓이다. 압축과 생략이 격조의 여운을 거느린다면, 긴장과 탄력은 감동의 물꼬를 튼다"[5]라고 대답하는 것으로는 충분치 않다. 왜냐하면 그것은 정형으로부터의 해방이 갖는 인류사적 의미, 즉 자유의 열림이라는 사건과 겨룰 만한 내용을 담고 있지 못하기 때문이다. 정형 시조가 갖는 '격조'와 '긴장과 탄력'이 자유를 유보하고도 얻을 만한 것인가? "작금의 자유시가 지나치게 장황하고 생경하다"는 "이미 낡은 얘기"에 대한 대안으로 정형시를 생각하는 건 초점이 빗나간 것이다. 그것은 자유시 자체에서 해결해야 할 문제이기 때문이다. 간혹, 시조의 중요성에 대한 강조가 지나쳐 "시조는 한국인의 생체리듬"이라는 식으로 과장을 하는 경우가 있는데 그건 더욱 쓸데없는 짓이다. 한국인의 집단 무의식 안에 가라앉아 있는 생체리듬은 앞에서 '단일 형식'이라고 말한 요소적 단위들이지, 특정한 장르가 아니다. 이러한 무분별한 자기애보다는, 시조의 정형성에 관계하고 있는 정신적 지향에 주목하여, "조선조 시조의 예에서도 볼 수 있듯이 유학의 심미적 가치는 강의목눌(剛毅木訥). 무기교, 기교 없음의 기교가 최대의 가치였다. 모든 정신적 활동의 중심에 도학이 있었고 기예는 아주 하찮게 여겼다"[6]라는 점에 착목하거나, "시조는 간결 적절한 한국시의

---

5) 박기섭, 앞의 글.

대표 양식으로, 사대부들의 자기 절제를 수용하고 있다. 흔히 은둔적인 것이라 비판받기도 하지만, 자연을 보는 간법의 환경생태학적 정관의 미학은 재평가될 수 있는 여지가 많다"[7] 라고 이해하는 길은 한 걸음 더 진전된 태도이다. 그러한 눈길은 시조의 정형성이 단순히 형식의 완성에 관계한다기보다는 일종의 세계관으로 연결되고 있음에 유의하고, 현대사회에서의 그것의 유의미성을 측정하고 있기 때문이다. 하지만 이재선이 "환경생태학적 정관의 미학"이라고 지칭한 것을 문자 그대로 이해하기보다는, 저 '환경생태학적'이라는 말로 지칭된 환경을, '자신의 환경 자체를 절멸로 끌고 갈 수도 있을 만큼 준동하는 현대사회'의 대안으로 치환해서 이해할 때, '정관'의 기능적 의미가 더 부각될 수 있을 것이다.

그렇다면, 정형 시조의 존재 이유를 현대사회에 대한 관조적 성찰, 즉 바깥으로부터의—바깥에 위치하는 성찰로 이해할 수 있을까? '바깥으로부터의'라는 말은 현대의 존재 상황에서는 도출될 수 없는 이질적인 세계관을 보여준다는 뜻이며, '바깥에 위치하는'이라는 말의 뜻은, 그러한 세계관을 오늘날의 삶의 실제에 개입하지 않고 오로지 반성적 성찰을 유도한다는 뜻을 담고 있다. 그래야만, 그러한 정형성이 자유를 침해하지 않을 것이기 때문이다.

---

6) 장옥관, 「갯벌의 말과 벼랑의 말」, 『21세기문학』 2005년 가을호, p. 219.

7) 이재선, 「우리에게 고전이란 무엇인가」, 『시학과 언어학』, 서울: 시학과언어학회, 2002년 6월호, p. 13.

그러나 이러한 순수한 표지로서의 존재는 얼마나 가능한 것일까? 이것은 마치 저 하늘의 별빛처럼 사는 것과 같다. 저 옛날 "저 하늘의 별이 우리의 길을 인도하던 시대"(루카치)는 지나갔다. 별빛에서 의미가 몽땅 빠져나간 것이다. 남은 것은 의미의 허물뿐이다. 별은 그렇게 뜻 없이 빛난다. 아마 사람의 아들이라면 누구도 그런 천상에 살고 싶어 하지 않을 것이다. 그래서 시조를 지상에 끌고 내려온다면, 그것은 한순간 무게와 부피를 가진 존재로 실체화된다. 별빛은 이제 별똥이 되고 운석이 된다. 충돌하지 않을 수 없다. 그렇게 시조는 미약하게나마 현대사회의 언어문화와 정신세계에 개입하게 된다. 그것의 사회존재론을 볼라치면 그 개입은 도처에서 발견된다. 다양한 방식의 시조 시인 등단 방식으로부터, 방금 언급해본 각종 담론들을 거쳐, 이런저런 지면을 통한 그것의 창작과 발표에 이르기까지. 더 나아가 오늘의 이 시집과 그에 대한 이 해설에 이르기까지. 따라서 우리는 시조가 그 정형의 원리를 품고서 무슨 일을 하려 드는가를, 하고 있는가를, 살피지 않을 수 없다.

만일 시조의 정형성이 현대사회가 방종으로 치닫는 것을 핑계로 자유를 속박하려 들면 그것은 퇴행의 안간힘이 될 것이다. 그건 불가능한 집념이다. 오히려 우리는 역설적인 상황을 가정해야 할 것이다. 시조는 그의 정형적 구속을 통해서 진정한 자유를 꿈꾼다고. 오늘의 사회가 맘껏 구가하고 있다고 전하는 자유보다 더한 자유를 꿈꾼다고. 마치 불치병에 걸린 시한부 인생의 환자가 누구보다도 풍요롭게 남은 생을 누리듯이.

흩어진 명사성과 집중된 동사성

윤금초의 시조로 들어가보자.

그의 시조는 현대시조가 자신의 최후의 표지로 삼은, 종장 첫 구, 즉 앞 두 음보의 형식적 규칙[8]을 엄격하게 준수하고 있다. 그 대신 초장과 중장에서의 리듬은 시조의 전통적인 4·4조를 대부분 해체하고 있다. 그것이 해체인 것은, 4·4조의 왜곡이 분명하게 표지되어 있기 때문이다. 가령,

> 가 이를까, 이를까 몰라
> 살도 뼈도 다 삭은 후엔 —「천일염」 부분

에서, 첫 행의 비시조적 형태는, 두번째 행이 4·4조의 형식을 거의 완벽하게 지키고 있다는 점과 대비하여 이해할 수밖에 없다. 그리고 그렇게 이해할 때, 첫 행의 기능이 온전히 감지되는 데, 그것은 두번째 행의 자연적 진행에 불현듯 개입해, 사색과 물음의 거즈를 넣으며, 소멸을 지연시키는 역

8) "종장은 음수율의 규제를 받아 제1구는 3음절로 고정되며 제2구는 반드시 5음절 이상이어야 한다"(윤영옥, 앞의 글, p. 21).

할을 하는 데 있다. 왜 이런 지연이 필요한가? 소멸의 뜻이 분명치 않기 때문이다. 시의 주체는 아직 존재 차원(자연 현상)에서 바로 의미 차원(지향성)으로 건너뛰질 못하고 있는 것이다. 이 초장[9]의 1행과 2행의 길항은, 중장과 종장의 길항으로 확대되는데,

> 우리 손깍지 끼었던 그 바닷가
> 물안개 저리 피어오르는데
>
> 어느 날
> 절명시 쓰듯
> 천일염이 될까 몰라. —「천일염」 부분

그것은 소멸의 불가피성에 대한 인식과 소멸의 뜻을 얻고자 하는 의지 사이의 긴장이 더욱 심화된다는 것을 가리킨다. 그러나 이 심화는 최종의 결단(질적 도약)을 위한 일종의 '(양적) 팽창'과 같은 것이다. 즉 갈등의 심화가 어떤 방식으로든 종결이 될 것을 요구함으로써, 종장의 전반구, "어느 날/절명시 쓰듯"에 와서, 한편으로 소멸의 진행에 마침내

9) 이 글은 시조를 다루고 있다는 전제에서 씌어지고 있다. 그러한 전제 하에서, 시를 다룰 때와는 다른 용어를 사용한다. 행갈이를 어떻게 하든, 한 수의 시조의 각 부분은 우선 3장 6구의 원리에 따라서 칭할 것이다. 그리고 여기에 수록된 시조들이 몇 수를 잇달아 붙여 연작을 구성하는 경우가 많은데, 이 연작의 편편을 '수'로 구분한다.

극적인 가속도와 최후의 드라마를 부여하고, 다른 한편으로 동시에 해체 시행들이 던지는 소멸의 뜻에 대한 질문에 답을 주게끔 유도해내고 있는 것이다. 이 소멸은 '절명시 쓰듯' 가장 독한 의지로 압축되어, 그동안의 모든 모호한 생존을 하나로 모아 가장 짜고 순수한 소금으로 응결시킨다.

그러니까 「천일염」은 형태상으로 정형 시행과 해체 시행의 대립을 기본 구조로 하면서, 해체 시행에 의문 발생의 기능을 이식한 후, 그렇게 해서 위기에 처한 정형 시행을 스스로 동작하도록 하여 존재 차원을 의미 차원으로 도약시키는 것을 표층의 현상학으로 만들고 있다. 여기에서 정형성은 스스로의 위기를 해결하는 최종적인 답안이 된다.

독자는 이러한 시적 구조가 윤금초 시조의 전형적 양식이라고 읽는다. 모든 시를 일일이 다 분석할 수는 없으니, 몇 편만을 스치듯 일별해보자. 가령, 「이어도 사나 이어도 사나」에서 '이어도'의 모호한 고난은 "산호초 꽃덤불 넘어"나 "방어 빛 파도 헤치며 두둥실 뜨는 섬이어라" "섬 억새 굽은 산등성이 하얗게 물들였네" 등 각 수의 종장에서의 '넘어'나 '헤치며' 같은 동사의 집중적 형식이나 또는 '섬 억새'의 기능적 확실성, '섬'의 형상적 드러냄을 통해 극복된다. 즉 '이어도'의 문제가 '이어도 사나' (주체의 동적 개진)를 거쳐 다시 재정립된 '이어도'에 의해서 극복되는 것이다. 이와 비슷하게, 「간찰」의 첫 수 종장인 "먼 왕조 흥흥한 물결이 옥판지에 배어 있다"에서는 먼 왕조 흥흥한 물결을 그렇게 규정하고 안에 담아 무늬화하는(다시 말해 탈에너지화하는) '옥판지'가, 「할미새야 할미새야」에서는 두 수의 각 종장인 "갈바람 굴핏집 울리는 죽비 소리 남기고"와 "물안개 거두어 가는 애벌구이 해도 덩실 띄워 놓고…"의 '죽비 소리' '애벌구이 해'가 시가 제시하는 문제들을 최종적으로 통어하는 기제로서 작동하고 있다. "한물간 시러베짓을 냉큼 못 버리다니!"(「두 주정뱅이」)에서의 "냉큼" "지금은 목쉰 풍경이 무심히, 무심히 운다"(「개오동 그림자」)의 '무심히'가 하는 기능도 마찬가지다. 이런 통어적 기능을 갖는 문법적 요소들은 항상 종장에서만 나온다. 심지어 혼란 그 자체만을 묘사한 것처럼 보이는 「난전」에서조차 종장의 "코 째는, 아으! 코 째는, 꽃의 난전 이 봄날"에서 '코'가 혼란을 집약시킴으로써 그 혼란이 함축하고 있는 의미를 증류해내는 기능을 갖는다.

한 가지 흥미로운 점이 있다. 종장을 시조의 최종적 표지가 담긴 곳으로 보는 현대적 관점을 윤금초의 시조가 엄격하게 따르고 있다면, 그 시조 형태의 장소는 당연히 종장의 첫 구, 즉 앞 두 음보에 있다고 할 수 있다. 그런데 주제적 차원에서 그러한 정형성에 상응하는 게, 혼란으로부터 질서를 회복시키는 운동이나 주체일 터인데, 그것은 그의 대부분의 시조에서 종장의 두번째 구, 즉 마지막 두 음보에서 자주 나타난다는 것이다. 방금 독자가 읽어본 시조들에서도, "천일염" "옥판지" "죽비 소리" "냉큼" 등, "섬 억새" "코"를 제외한 상당수의 집중성 핵자들이 마지막 두 음보에 배치되어 있는 것이다. 이러한 현상은 형태와 주제 사이에 간발의 어긋남을 발생시켜 시 읽기에 미묘한 긴장감을 부여한다. 그러나 대체로 종장 첫 구에서 묘사된 장면이 그 집중성 핵자들이 변화시켜야 할 상황의 최종판이거나 아니면 변화시킨 직후의 최초 버전임을 알아챌 수 있다면, 저 '미묘한' 긴장은 발견술적인 쾌감을 제공할 것이다. 그것은 행동의 앞뒤 상황을 보여줌으로써 도래할 행동을 기다리는 마음에 애닳는 마음졸임을 발생시키는 유효한 기교로서 이해될 수 있으며, 그 기교를 이해하는 사람에게는 그러한 어긋남 자체가 유희의 장소가 될 수 있는 것이다.

물론 이 현상은 보편적인 것은 아니다. 독자가 읽은 바에 따르면 시인은 '집중성'에 대한 특별한 애착을 가졌다. 그 점을 유의하면, 형태와 주제가 한곳에 모이는 게 자연스럽다. 그리고 그런 시편들도 꽤 있다. 무엇보다도 방금 본 것처럼 이 어긋남 자체가 '기교적'인 일탈로 읽힌다는 게, 두 경향의 실제적인 일치를 암시한다. 집중성에 대한 애착이 긴장에 대한 취향으로 이어진다면, 저 어긋남 역시 긴장에 대한 취향의 한 실행이다.

독자의 관심이 최종적으로 가닿는 곳은 윤금초 시조의 정치적 상상력이다. 즉 정형성의 자기 교정이 그의 시조의 형태학이라면, 그가 자주 다루는 정치적 주제 속에서 그 형식은 어떻게 개입하는가? 도식적으로 번역하면, 어떤 폐쇄적인 질서에 대한 저항이 혼란을 발생시키는데, 그 혼란은 다시 질서화로 수렴된다는 드라마 비슷한 것이 만들어질 텐데, 그러나 한국의 문학 비평이 자주 활용하는 이런 '상동성'에 대한 추정이 실제로 말해주는 건 별로 없다. 우리가 여기에서 주목해야 하는 건, 언뜻 보아 회귀로 보이는 이 절차가 기묘한 변화를 함축하고 있어서 실질적으로 회귀가 아니라 신생 쪽으로 선회하는 사태다.

그런 걸 가장 명료하게 보여주는 시편을 보자.

1
겨우내
양지바른 쪽
배돌던 무명씨같이,

갈래머리 여고생의
발화(發火)하는 입매같이,

울금 빛
궐기(蹶起)를 한다.
온 산천이 꿈틀댄다.

2
무릎베개 괴어주던

마른 그
억새풀 사이

우리 살의 생땅 냄새
흠흠 맡는 민들레야.

척하니,
육탈하는 꽃받침
징 소리로 쏟아진다. —「춘투(春鬪)」 전문

이 시조의 두 수는 같은 구조로 이루어져 있다. 각 수의 초장은 "배돌던 무명씨"와 "마른 억새풀" 등 이름 없는 존재들의 정태적 세계를 제시한다. 중장은 모종의 화학물질이 살포되는 광경을 보여준다. 그 화학물질은 다른 데서 투입된 것이 아니라, 그 정태적 세계의 안에서 발효된 것들이다. "발화하는 입매" "생땅 냄새/흠흠 맡는 민들레"의 행위가 그것들이다. 종장은 초장과 중장의 배합 결과이다. 그 결과는 그러나 독자가 예상한 것처럼 초장에서 등장한 주체의 강화가 아니다. 오히려 두드러진 것은 그 배합의 결과로 발생한 역동적 사태 그 자체의 광경이다. 그 광경 속에서 주어는 슬그머니 밑으로 혹은 옆으로 이동하며 지워진다. 이 시편이 보여주는 것은 존재로부터 사건으로의 이행이다. 명사로부터 동사로의 전환인 것이다. 그러나 이 시조의 형식적 구조가 정형성의 자기 교정이라면 그 사건, 동사가 존재, 명사를 포함한다고, 아니 좀더 정확하게 말해 존재의 형식, 명사의 형식으로 나타난다고 짐작할 수 있으며, 실제로 확인할 수 있다. 이 시조의 두 수가 각각 보여주는 사건은 묘사된 대로 일종의 폭발로 나타나지만, 그러나 그 폭발은 어떤 강력한 구심체 속에 응축될 때에만 그 말에 해당하는 에너지를 온축한다. 그 구심체는 "울금빛" "징소리"이며, 그 각각의 어사는 '금'과 '징'으로 압축됨을 가정함으로써 확산력을 가질 수 있게 된다. '울금(鬱金)'이라는 어휘 자체가 그 활용의 희귀성 때문에 독립적인 명사성을 확보할 수도 있겠지만 그것이 '금'을 포함하기에, 금을 전제로 해서 더욱 그렇다고 해야 할 것이다. 가령 이 시편에서 "울금 빛"을 "심황 빛" 혹은 "누른빛"으로 바꿔서 읽어보라. 시 맛이 제대로 살아나지 않을 것이다. '울금'이라는 말이 '울'과 '금', 즉 확산성과 집중성의 합성으로 이루어진다는 사실이 시적 효과에 작용하고 있다고 보아야 하는 것이다. "징 소리"의 '징'은 굳이 설명할 필요가 없을 것이다.

이러한 사건의 응집화는 다른 시조들에서도 쉽게 확인할 수 있다. 따라서 윤금초 시조의 최종 구조를, 흩어진 명사성을 집중된 동사성으로 변환하는 사건 그 자체라고 할 수 있을 것이다. 그 집중 속에 주어가 슬그머니 숨는다는 것은 그의 정치적 상상력이 집단주의적이지 않다는 것을 가리킨다. 그는 어느 편을 드는 데는 관심이 없다. 그의 시조는 삶의 역동화에만 집중하는 것이다.

'정형으로부터의 자유'에서 '시와 동시에 삶'으로

윤금초와 비슷하게 정치적 상상력이 돋보이는 시인은 이우걸로 보인다. 그 역시 종장 첫 구의 형식적 규칙을 엄격하게 지키고 있다. 그런데 이우걸의 종장은 집중성을 가지기보다는 거꾸로 풀어지고 있으며 그것이 그만의 중요한 시적 특성을 이룬다. 몇 편의 예를 들어보자.

(1) 영혼의 거울과 같은/조그마한 비누 하나 —「비누」

(2) 살아서 다졌던 생애의/뼈 하나 묻히고 있다.
—「산인역」 둘째 수

(3) 영악한 몇 사람만이/피 흘리며 빼어 가진다.
—「열쇠」 첫째 수

(4) 노을이 마루 끝까지 조심조심 깔리고 있다.
—「옷」 첫째 수

(5) 언니가 보라는 듯이 싱긋 손을 흔든다

—「옷」 둘째 수

(6) 김 씨는 어쩌면 자기가/부록 같은 생이라고?

—「부록」 둘째 수

독자는 이우걸 시조가 가진 흥미로운 특성을 직관적으로 알아챌 수 있다. 우선 (1), (2)에서 보이듯, 종장 첫 구의 규칙이 형식적으로만 지켜지고 있다는 것이다. 내용상으로는 그 규칙이 역전되어 있다. 즉 3+5(음절 이상)가 형식적 규칙이라면, 내용상으로는 5(음절 이상)+3(음절 이하)으로 읽어야 한다. (1)은 "영혼의/거울과 같은" 으로 끊어야겠지만, 읽는 사람의 마음 속에서는 "영혼의 거울과/같은" 으로 분절되어 읽힌다. (2) 역시 "살아서/다졌던 생애의" 로 끊어지는 게 규칙이지만, "살아서 다졌던/생애의" 로 읽히기가 더 쉬울 것이다. 형식과 내용의 이런 역진적 교차가 뜻하는 바는 무엇일까?

(3)~(6)의 종장이 단서를 제공할 수 있을 것이다. 이 종장들도 형식적 규칙을 충실히 따르고 있다. 게다가 여기에서는 내용상의 일치도 있다. 그런데 이러한 시조적 정형성의 완벽한 구현에는 무언가 이상한 데가 있다. 이 문장들이 너무나 자연스러운 것이다. 그래서 거의 산문 문장으로 읽힐 만큼 최소한의 문체적 맛도 죽이고 있다. 그런데 이것은 원래의 시조가 기대하는 종장의 효과를 저버리는 것이다. 왜냐하

면, "종장의 제약은 시조 형태의 정형과 아울러 평면성을 탈피하는 시적 생동감을 깃들게"[10] 한다고 가정되기 때문이다.

그리고 방금 "평면성의 탈피"라고 언급된 것은 리듬의 장식 원리가 아니라 오히려 필수 원리다. 리듬은 단순한 반복으로 이루어지는 게 아니라, 반복과 일탈 그리고 회귀로 이루어져 있다. 일탈이 필요한 것은, 가볍게는 단순한 반복이 지루함을 유발하기 때문이며, 진지하게는, 인간이 자유를 갈망하기 때문이다. 현대시조가, 옛 시조에서 종장의 규칙만을 필수적인 것으로 가져온 이유도 여기에 있을 것이다. 종장 첫 구의 기능은 일탈을 수행한다. 그런데 이우걸의 시조는 종장의 규칙을 일탈적으로가 아니라 '자연스럽게' 실행하고 있는 것이다.

독자는 그의 시조가 종장의 이데올로기를 근본적인 차원에서 배반하고 있다고 해석한다. 다시 말해, 그 일탈 자체가 규칙이 되어, 일종의 시적인 특수성을 보장하는 근거가 될 때, 시조는 문득 세상으로부터 떨어져 나와 하나의 미학적 구현물이 된다. 거기에서 삶은 문득 실종되어버린다. 거기에 삶을 되집어 넣으려면 시조를 살리되, 그냥 살려서는 안 된다. 시조를 살리는 것은 시조의 정형성에 자유를 집중시키는 것을 가리키지만, 그것이 일종의 장식적 취향이 아니라는 것을 적시하는 다른 표지를 안감처럼 댈 필요가 있었을 것이

10) 윤영옥, 앞의 글.

다. 여기에서, '정형으로부터의 자유'라는 형태적 변용은 '시와 동시에 삶'이라는 구조적 변용으로 옮겨간다. 그 결과가 (1), (2)에서처럼 형태/내용의 교차이거나, (3)~(6)에서처럼 일탈성/자연성의 중첩이다. 형태/내용의 교차는 그것 자체가 시 읽기에 긴장을 주문하는 것인데, 일탈성/자연성의 중첩은 독자로 하여금 그 의도를 파악하고 읽기를 바라는 청원이 포함되어 있다. 자칫하면 독자는 두 면에서 한 면만을 읽을 수도 있을 것이다.

몇 수에 걸친 연작은 그런 문제를 보완해주는 듯해 보인다. 이우걸 시조의 특징은 연작 그 자체라기보다는 연작이 모두 하나의 삶의 이야기로 연결되어 있다는 것이다. 그것은 '자연성'의 연장이라고 할 만하며, 주제적 차원에서는 시의 측면(결정성)에 삶의 측면(연속성)을 배경처럼 댄다는 의미를 가지고 있다. 그런데 연작이 말 그대로 삶을 '자연스럽게' 잇고 있는 것은 아니다. 이음은 이음이되, 특별한 형태를 구축하면서 잇는다.

가령 (4), (5)의 대비는 그 양상의 일단을 읽게 해준다. 「옷」의 첫째 수 종장인 (4)는 같은 시의 둘째 수의 종장인 (5)와 달리 비유적이다. 다른 한편 (4)는 첫째 수의 초, 중장과 비교해도 비유적이다. 반면 (5)는 (4)와 달리 매우 자연스런 문장이다. 즉 산문적이다. 동시에 둘째 수의 초, 중장을 자연스럽게 잇고 있다. 그러나 이 둘째 수 전체는 첫째 수와 극적으로 대비되고 있다. 첫째 수는 죽음을 준비하는 할머니에 관한 이야기이다. 그것은 삶의 자연적 진행에 대한 수락이며, 따라서 조용히 느리게 움직인다. 반면 둘째 수는 고아원 뜰 앞에 앉아 있는 두 소녀를 사진처럼 제시하고 있는 시다. 이 장면은 돌발적이지만 멈추어 있다. 이 멈춤이 첫째 수의 느린 진행에 비추어, 읽는 이를 순간적으로 충격한다. 왜냐하면 이 소녀들은 더 많이, 그리고 더 빨리 자라야 하는 나이이기 때문이다. 그런데 거기에 멈추어 있는 것이다. 그렇게 멈춘 상태에서 종장은 다시 찰나적인 움직임을 드러낸다. "언니가 보라는 듯이" "싱긋 손을 흔든다." 그건 마치 저 고아원에서 멈추어버린 삶이 다시 힘차게 가동될 것만 같은 느낌을 솟구치게 한다. 게다가 손을 흔드는 건 '언니'라고 명시되어 있다. 그런데 독자는 "두 소녀" 중 누가 언니인지 모른다. 갑자기 궁금해지는 것이다. 독자의 의식 속에서 두 소녀는 완전히 새로운 인생을 살기 시작한다.

즉 「옷」의 첫째 수는 자연성/일탈성의 중첩을 형식적 구조로 깔면서, 자연성 속에 감싸이고 있다. 그러나 둘째 수는 자연성 그 자체의 제시인 듯이 보이지만, 첫째 수와 함께, 자연성/일탈성의 대립을 이루며, 평범하게 묘사된 장면을 강렬한 인상으로 부조하고 있다. 마치 죽음에서 삶을 이끌어 내듯이.

(6) 이 종장으로 실린 시조 「부록」은 또 다른 양상을 보여준다. 이 시조는 부록 같은 삶을 사는 서민의 불평을 옮겨 놓고 있다. 그런데 이야기가 매우 자연스럽게 전개되는 듯하

지만, 둘째 수, 초장과 중장에서 슬그머니 다음과 같은 이야기를 집어 넣고 있다.

> 아내의 성화에 못 이겨 전셋집을 옮기고,
> 아들의 고집으로 전학을 시키면서, —「부록」 부분

그러니까, '부록' 같은 인생들이 입으로는 불평하면서 몸으로는 부록에서 벗어나고자 하는 다른 일을 꾀하는데, 그런데 그것이 결국 '서언'과 '결론'이 지배하는 세상의 강화에 쓰이고 마는 것이다. 왜냐하면 세상의 구조를 바꾸는 방식을 통해서가 아니라, 그것을 용인하고 개인적으로 해결하는 방식을 통하기 때문이다. 그래서 초장, 중장의 내용이 자연스럽게 읽힐 수밖에 없는데, 그러나 거기에는 부록 인생 그 '자신의 행동'에 책임의 문제가 걸려 있는 것이다. 그래서 시인은 마지막에 묻는 것이다.

> 김 씨는 어쩌면 자기가
> 부록 같은 생이라고? —「부록」 부분

이 종장은 시편 전체의 사연을 압축하면서 동시에 그것에 의문을 던진다. 불평의 사연을 재현하면서, 그 불평 자체에 의문을 던지는 것이다. 그 압축과 의문의 착종 때문에 이 종장은 통사론적 생략을 발생시켜 매우 어색하게 읽힌다. 이

문장은 다음 두 문장을 중첩시켜 압축한 것이다.

> 김 씨는 어쩌면 자기가 부록 같은 생[일지도 모른]다고 생각한다
>
> 김 씨는 [정말] 자기가 부록 같은 생이라고 [생각하고 있기는] 하는가?

압축을 통해서 첫 문장에서 '의혹'이 생략되었고, 둘째 문장에서 '반성'이 생략되었다. 의혹을 품기 전에 단정이 일어났고, 그 단정이 곧바로 반성 없는 행동을 야기했다,는 사태를 보여주기 위해서이다. 그러니까 이 어색함은 매우 의도적인 것이다. 독자를 '의혹'과 '반성'으로 끌고 가기 위한 것이다.

이 시에서 짐작할 수 있는 것이지만, 이우걸 시조의 종장의 자연성은 대체로 초 · 중장의 시적 특성과의 대비를 통해서 읽힌다. 가령 다음과 같은 시편도 그렇다.

> 시계가 눈을 비비며
> 열두 시를 친다
> 반쯤 남은 커피 잔은 화분 곁에서 졸고 있고
> 과장은 혀를 차면서 서류를 읽다 만다.
>
> 문은 굳게 닫혀 있고

의자들은 말이 없다
창밖엔 클랙슨 소리 목쉰 확성기 소리
자세히 들여다보니
벽에도 금이 가 있다. —「사무실」 전문

이 시에서 가장 자연스러운 문장은 두 수의 종장(제4행, 7~8행)이다. 너무 자연스러워서 종장만 읽어서는 시를 느낄 수가 없다. 그러나 각 수의 초, 중장은 매우 비유적이며, 이 비유체들과 대비해서 읽을 때, 종장의 자연스러움은 아주 다른 느낌으로 바뀐다. 과연 초, 중장에서는 사물이 주어가 되고 있고, 사물들의 모습이 의인화되어 있다. 그런데 통상적인 의인화가 노리는 것처럼 이 의인화된 사물들은 인간에게 친숙한 것, 인간의 부속물, 애완동물로 기능하지 않는다. 오히려 그것들은 인간화되면서 인간 세상을 부식시키고 있다. 사물들의 무기력과 사물들의 균열은 바로 인간의 그것들이 된다. 다만 인간이 모르는 채로. 즉 인간 삶의 무기력과 균열을 사물들은 다 보여주고 있는데, 인간만이 모르는 것이다. 그래서 사물들은 생동하는데 인간은 정체 속에 빠져 있다. 이건 자연스러운 게 아니라 그로테스크한 것이다. 무서운 것이다. 종장은 그 그로테스크함을 아주 무심한 듯이 드러낸다. 초 · 중장의 신기함(비유)/그로테스크의 중첩은, 종장의 자연스러움/그로테스크의 중첩으로 대체된다. 초 · 중장이 감각적 자극과 의미의 은폐로 이루어진다면, 종장은 감각의 무화와 의미의 각성으로 이루어진 것이다. 종장의 자연스러움의 기능은 바로 '각성'이다.

이우걸 시조의 정치성은 일상의 내적 재구성이라는 차원에서 움직이고 있다고 할 수 있다. 그는 한편으로 서민의 고난과 설움을 명제적으로 제시한다. 그러나 그 제시의 구체화 속에서 그는 그 고난과 설움의 주체가 서민 그 자신임을 강력하게 환기시킨다. 그들 삶의 내부에 그들이 바라마지 않는 삶이, 혹은 거꾸로 그들이 비판하는 삶이 깊숙이 심어져 있는 것이다. 이우걸 시조의 자연성/일탈성의 중첩이 궁극적으로 드러내는 주제가 바로 그것이다.

한마디 덧붙이자면, 자연성/일탈성의 중첩이 궁극적으로 현상하는 형태는 자연성 자체가 일탈성을 속으로, 따라서 은밀히 비가시적으로 품는 것이다. 그것이 그의 주제와 상응한다. 자연스럽게 보이는 것 안에 심각한 것, 혁신적인 것이 숨어 있다. 그러한 지향이 나아간 어떤 끝 지점에 「봄비」 같은 시편도 태어나는 것으로 보인다. 이 시편은 전체가 '종장'의 정형 규칙으로 이루어져 있다.

의미의 중력 쪽으로 휘는 존재 현상

지금까지 살펴본, 두 시인의 시조가 정치적 상상력 속에서 움직인다면, 박시교의 시조는 인생론적 상상력이라고 이름

붙일 만한 그런 상상력을 통해서 피어난다고 할 수 있다. 그 상상력은

누구나 바라잖으리

그 삶이

꽃이기를, —「꽃 또는 절벽」 초장

라는 바람을 꿰고 굽이친다. 그런데 마냥 기다리기만 해서, 저 김영랑처럼 "아직 기둘리고" 만 해서 꽃이 피리라는 기대를 하던 시대는 지나갔다. 이제 꽃은 저만치에서 피지 않는다. 그것은 오직 "순간의 절벽" 으로 "가슴을 때리는" 것이다. 다시 말해, 꽃은 내 바깥에 피는 게 아니다. 나의 결단 속에서 나의 부활을 통해서 피는 것이다.

따라서 여기에 정치성이 없는 게 아니다. 그는

가녀린

꽃 흔들림 본다

오, 죽창(竹槍)과

피리 사이 —「어머니」 종장

라고 말한다. 이 묘사는, "자유에는/피의 냄새가 섞여 있"다는 김수영의 진술(「푸른 하늘을」)만큼이나 정치적이다. 그러나 이 정치성 속에서 시인은 "그 아픈 상흔 뚫고 싹틔운 풀꽃"을 본다. 삶의 험난한 과정은 불현듯 최후의 결실로 이동한다. 존재는 의미로 바뀐다. '인생론적'이란 모든 세상의 사건과 자신의 경험을 삶의 뜻으로 모은다는 의미에서 쓰인 것이다.

이 인생론적 상상력은 말 그대로 인생론으로 수렴되는 게 아니다. 오히려 두드러진 것은 그 인생론이 달성되지 않는 사태이다. 방금 본 시편에서도, 그의 의식은 "죽창"과 "피리" 사이에서, " 꽃 흔들림〔을〕 본다." 시인은 구체적 정황과 삶의 뜻 사이에, 존재와 의미 사이에 유배된 존재다. 그래서,

풍경 하나 멈춰 선 듯한 그 적막이 서러워서

억지로 눈물 삼켰던 어릴 적 죄 키웠음도

—「그리운 죄」 5, 6행

존재의 차원에서 의미를 보면 서러운 '적막'이 '붙박혀' 있고, 의미의 차원에서 존재를 보면 눈물 삼키고 살아온 삶은

어릴 적부터 '자책'을 '키워온' 삶이다.

이렇게 사이에 끼어 있다는 의식과 그의 시조의 형태적 특질이 어떤 어울림을 갖는 듯하다. 그 형태적 특질은 여러 수로 이루어진 시편의 경우, 적어도 한 수의 중장은 그 형식이 종장의 중력에 사로잡혀, 마치 종장이 두 번 되풀이되는 듯이 보인다는 것이다. 「그리운 죄」 시 전문을 분절해보면 다음과 같다.

그립단 말 | 함부로 한 | 내 죄 | 늦게 알았네

외로움과 | 혼동하여 | 마구 썼던 | 것까지도

그러니 | 어쩌겠는가, | 사람이 | 그리운 걸

일부러 | 산 밑 먼 길 | 휘돌아 | 흐르는 강

풍경 하나 | 멈춰 선 듯한 | 그 적막이 | 서러워서

억지로 | 눈물 삼켰던 | 어릴 적 죄 | 키웠음도

이 시편은 그러니까 두 수로 이루어진 시조로 볼 수 있는데, 첫 수에서 중장은 4·4조의 비교적 자유로운 변용인데 비해, 두번째 수에서의 중장은 4·4조의 자유변용이기도 하지

만 동시에 종장에 비추어보면 후자와 같은 리듬을 보여주는 것으로 읽을 수도 있다.

이러한 형식적 미묘함은 다른 시편들에서도 자주 확인된다. 가령 「나의 아나키스트여」 「수유리에 살면서」 「빈 손을 위하여」 「사랑을 위하여」 「협객을 기다리며」 등은 세 수로 이루어졌는데, 이중 마지막 수가 두 종장의 연속이라는 형식을 겹으로 가진 듯이 보이는 시편들이며, 「낙화」는 두 수의 시조로 볼 수 있는데, 첫 수의 중장은 사설시조화한 데 비해, 두번째 수의 중장은 종장과 유사해진다.

이 형식적 특질이 의미하는 바를 독자는 우선 존재와 의미 사이에 끼인 존재의 충동, 즉 존재 차원과 의미 차원을 동시에 드러내고자 하는 충동의 현상으로 보았다. 이 동시성의 충동은 물론 존재 차원을 의미 차원으로 끌고 가고자 하는 의지 속에서 움직인다고 보아야 할 것이다.

> 나무가 나무에게 기대어 // 푸릅니다
> 사람이 사람에게 기대어 // 정겹습니다
> 눈물이 // 내게 기대어 // 따뜻했으면 합니다
>
> —「연리지 생각」 전문

초 · 중장의 서술문이 종장에 와서 소망문으로 바뀐 까닭이 아주 명료하게 드러나 있다. 존재에 의미가 결여되었음을 드러내고 동시에 의미의 충족 쪽으로 끌어당기기 위해서다.

종장이 중장스러워지지 않고 중장이 종장스러워지는 건 그 때문이다. 간단히 말해, 우리가 '연리지' 생각을 하는 건, 연리지가 되고 싶기 때문인 것이다. 그런데 조금 전 기술했던 것처럼, 존재 차원과 의미 차원의 동시성은 말 그대로 두 차원을 동시에 드러내는 것이다. 그래서 중장과 종장의 일치는 사실 둘 사이의 분리로도 읽을 수도 있다는 것을 전제로 한다.

> 바닥을 다 드러낸 영산벌은 끝이 없구나
>
> 가슴에 묻어야 할 말 '목포는 항구다'
>
> —「목포의 눈물 1」 제2수 중 · 종장

은

> 바닥을 | 다 드러낸 | 영산벌은 | 끝이 없구나
>
> 가슴에 | 묻어야 할 말 | '목포는 | 항구다'

로 읽을 수도 있고

> 바닥을 | 다 드러낸 영산벌은 | 끝이 | 없구나

가슴에 | 묻어야 할 말 | '목포는 항구다' | (   )

(※ 빈칸은 "가슴에 묻어야 할 말"로서의 '목포는 항구다'이다.)

로 읽을 수도 있다. 전자는 시조의 일반 형식에 맞추어서 읽는 것이고 후자는 중장의 종장화 현상으로 읽는 것이다. 그런데 두 가지 독법은 뚜렷한 의미의 차이를 보여준다. 일반 형식에 맞추어 읽으면, "바닥을 다 드러낸"과 "영산벌은 끝이 없구나"가 따로 떨어져, '영산벌'의 '끝없음'이 강조된다. 그러나 후자로 읽으면 '영산벌'은 무엇보다도 "바닥을 다 드러낸 영산벌"이다. "끝이 없"는 것도 그냥 영산벌이 아니라, 제 존재의 꼬락서니를 통째로 품은 영산벌이다. 이 독법은 당연히 영산벌을 다시 풍요한 개펄로 회복시키고 싶은 충동을 즉각적으로 불러일으킨다. 다음 시구도 마찬가지다.

고비마다 쏟아놓던 사설은 또 몇 편이던가

이쯤서 접어도 좋을 내 생의 한 필 두루마리

—「옹이」 제3수 중 · 종장

이 시구는

고비마다 | 쏟아놓던 | 사설은 또 | 몇 편이던가

이쯤서 | 접어도 좋을 내 생의 | 한 필 | 두루마리

로 읽을 수도 있고,

고비마다 |쏟아놓던 사설은 | 또 |몇 편이던가

이쯤서 |접어도 좋을 내 생의 |한 필 |두루마리

로 읽을 수도 있다. 전자의 방식으로 읽으면, '사설'의 뜻없음이 두드러진다. 반면 후자의 방식으로 읽으면, "고비마다 쏟아놓던 사설"이 되풀이되어야만 했던 사연을 상기하게 된다. 그래서 "내 생의 한 필 두루마리"가 얼마나 복잡한 여러 겹의 몸부림을 감추고 있었던가를 절감케 한다.

이제 박시교의 시조에 대해 이렇게 말할 수 있겠다. 현상과 의지의 동시성과, 의지의 중력을 통한 현상의 휨이라고. 그의 시조는 주제론적으로 현상의 고통을 직시하는 과정이 곧바로 현상의 극복의 운동이 되도록 하고자 하는 것이며, 형태론적으로는 시조의 정형성을 지키는 것이 동시에 시조의 형태를 해체하는 운동이 되게끔 하는 것이다. 시인이 그렇게 하는 이유를 굳이 물을 필요는 없으리라. 한 시구를 그대로 인용하는 것으로 충분할 것이다.

그 무게 견딜 수 없는 고통 참 아름다워라

—「이별 노래」 마지막 행

파동의 도래할 자취로서의 이미지

유재영의 시조는 존재의 현상보다 삶의 뜻 쪽에 더욱 가까이 있다. 따라서 네 사람의 시조 중에서 가장 인생론적이다.

이 나라 지극한 인심이며 햇빛이며
봉숭아 꽃물에다 우리 누님 울음까지
잘 구운 질흙 대장경 오디 빛 저 항아리
—「조선 옹기를 주제로 한 세 가지의 시적 변용」 첫 수

같은 시편이 보여주듯, 초장부터, 존재의 현상("인심이며 햇빛")이 이미 뜻("지극함")을 내장하고 있다. 그래서 그런지 그의 시는 시조의 형식적 규칙을 가장 충실히 따르고 있기도 하다.

그러나 이러한 자발적 구속 안에는 은근하고도 끈질긴 저항이 작동하고 있다. 그것을 이해하기 위해서는 현대시조의 일반적 특성 하나를 경유할 필요가 있어 보인다. 그 특성은 현대시조에 와서 사물의 주어화가 나타난다는 것이다. 옛 시조에서 시적 사건의 주체는 철저하게 인간이며, 대체로 말하는 화자이다. 자연은 언뜻 보아서는 인간의 터전이자 인간이

최종적으로 귀의하는 곳으로 보이지만 실은 인간을 떠나서는 아무런 의미가 없는 인간 내적 존재이다. 그것은 대체로 인간의 사건이 의미 상실로 파열하는 것을 막아주는 울타리로 기능한다. 제사 지내며 둘러치는 '병풍'이 그러하듯이. 다음과 같은 시조는 가장 전형적인 경우이다.

가노라 삼각산아 다시 보자 한강수야
고국산천을 떠나고자 하랴마는
시절이 하수상하니 올동말동 하여라

자연의 또 다른 기능은 인간의 알레고리다. "가마귀 눈비 맞아 희는 듯 검노매라"라든가, "냇가의 해오랍아 무스 일 서 있는다/무심한 저 고기를 여어 무슴하려는다"에서의 '가마귀' '해오라기'가 하는 일이 그렇다. 인간이 자연에 귀의하는 일은 실제로 일어나지 않는다. 오히려 자연이 인간에 귀속되어 있을 뿐이다. 이러한 시조의 일반적 경향에서 비켜난 시가 아주 없는 건 아니다. 시조를 통틀어 가장 감성적인 시라 할 수 있는,

이화에 월백하고 은한이 삼경인 제
일지춘심을 자규야 알냐마는,
다정도 병인 양하여 잠 못 들어 하노라

에서의 '소쩍새'나, 홍랑의

묏버들 갈해 것거 보내노라 님의 손듸
자시난 창 밧긔 심거 두고 보쇼셔
밤비에 새닙곳 나거든 날인가도 너기쇼셔

에서의 '산 버드나무 가지'는 인간 정서의 알레고리로서가 아니라 그것을 '환기'하는 독립물로 존재한다. 그러나 이런 예는 매우 드물뿐더러, 이조년의 시조에서 보이듯, 자연은 인간의 정서에 뒤처지는 방식으로 존재한다. 현대시조가 일신한 것 중의 하나가 고시조의 인간중심주의이다.[11)]

담머리 넘어드는 달빛은 은은하고,
한두 개 소리 없이 나려지는 오동꽃을
가랴다 발을 멈추고 다시 돌아보노라 —이병기 「오동꽃」

이 시조에서, '달빛'과 '오동꽃'은 인간화되어 있지도 않고, 인간에 귀속되지도 않는다. 비로소 자연과 사물이 '타자'로서 존재하기 시작한 것이다. 그리고 실은 그런 타자가 있을 때에 '비로소' 인간도 개별자로서 존재하는 것이다. 그 이전에 인간은 보편적 인간관의 그림자에 지나지 않았고, 인

11) 이는 명백히 보이는 현상으로 이미 지적한 글이 있을 줄로 안다. 이 자리에서 인용하지 못하는 것은 필자의 독서가 짧은 탓이다.

간중심주의는 보편적 이념이라고 인정된 이념의 대리인으로서 가정된 '규범적 인간 중심주의'라 할 수 있을 것이다.

유재영의 시조는 인간중심주의에서 벗어나 사물과 인간 모두에게 개별성을 부여하고자 하는 현대시조의 경향을 극단까지 몰고 간다. 시조의 정형적 규칙을 철저히 지키면서도. 그러하다는 것은 그의 시적 형태 자체가 특별한 모순을 안고 있으리라는 것을 암시한다.

그 모순은 정형성과 비유의 모순, 구문과 이미지의 모순이다.

미나리 새순 같은/4월도 상순 무렵//
초록빛 따옴표로/새 한 마리 울다 가면//
내 누이 / 말간 눈물엔 / 나이테가 돌았다

—「햇빛 시간」 전문

자연은 개별적으로 존재할 뿐만 아니라, 시간적으로도 공간적으로도 특수화된다. 초장이 가리키는 바가 그러하다. 중장에 가면, 사물 자체의 존재적, 시 · 공간적 구체성은 그것들이 합동해 분비한 하나의 느낌으로 응축되고("초록빛 따옴표로") 소멸한다("울다 가면"). 그리고 종장에서, 그 소멸의 빈자리에 누이의 '눈물'이 대신 들어오는데, 그 눈물은 자연의 소멸의 내력을 현상하는 필름으로 존재한다. 소멸하는 것이 생성되는 자국으로 남았다. 누이의 눈물은 바로 소멸을 생성으로 바꾸는 자리이다. 비유는 의인화로서 기능하지 않고 의물화로서 기능한다. 그러나 의인화냐 의물화냐가 중요한 게 아니다. 아니, 그런 기술이 정확한 게 아니다. 누이의 눈물이 나이테인 게 아니다. 누이의 눈물은 나이테가 떠오르는 자리이다. 이미지는 실체가 아니라 장소이다. 보석이 아니라 벽지이다. 사방무늬다. 그러니까 정형성과 이미지 사이의 모순이라는 유재영 시조의 모순은 인간중심주의와 사물의 개별성 사이의 모순이 아니다. 그의 모순은 이 정황을 넘어, 실체로서의 이미지와 파동으로서의 이미지의 모순으로 나아간다. 앞에서 환기했듯, 사물에게 독립성을 넘겨주는 게, 사물과 인간의 동시적 개별화를 생산한다면, 인간이냐 사물이냐가 중요한 게 아니다.

차 한 잔 따라놓고 누군가 기다리다

꽃씨가 날아가는 방향을 바라본다

어쩌면 우리 먼 그때, 약속 같은 햇빛이며

—「바람이 연잎 접듯」 제3수

이 시조에서는, '햇빛'이 '약속'의 비유로 쓰였다. 단, 이 비유는 확정적이지 않다. 햇빛의 가장자리에서 올이 풀리듯, 이 약속도 "우리 먼 그때"의 가능성으로만 나타난다. '햇빛'은 그 "우리 먼 그때"의 막연함을 밝음으로 바꾼다. 이미지의 기능은, 사물과 인간에게 개별성을 돌려주는 과정을 통과하여 그 개별성을 포자처럼 터뜨려 다른 존재, 다른 세계를 향해 퍼져 나가게 한다. 즉 개별성을 가능성으로 돌리되, 개별성의 에너지를 이용하여 가능성을 밝은 가능성으로 만드는 것이다. "꽃씨"로부터 "햇빛"으로 이미지가 이동하는 궤적이 그렇게 해서 그려진다.

그것이 파동으로서의 이미지다. 아니 좀더 정확하게 말해 파동의 도래할 자취로서의 이미지다. '도래할 자취'라는 것은, 그 파동이 현실화되지 않은 채로 그 가능성만을 미래 쪽으로 이끈다는 뜻으로 쓰인 것이다. 정형적 규칙은 이미지를 실체화하려고 하고, 유재영 시조의 운동은 정형적 규칙을 위반하지 않으려 하다 보니, 이미지가 규칙 너머로 나아가서 동적으로 움직이는 과정으로 나아가지 못한다. 그러나 그 불가능성에 대한 수락이 화자가 꿈꾸는 새 삶의 가능성에 맑은 기운을 불어넣는 근거가 된다. 만일 동사화하려 했다면, 실체화에 쓰였던 에너지가 곧바로 동적 움직임 속으로 소진되었을 것이다. 그리고 그러한 움직임은 정형성의 규칙과 그로부터 자유로워지려는 운동 사이의 격렬한 투쟁을 낳았을 것이다. 그것이 실은 윤금초의 시가 보여주고 있는 세계라고 독자는 읽었다. 유재영의 시조는 그 투쟁으로 가지 않고 그 직전에 머무른다. 그것은 그가 운명의 수락 같은 한계를 인정하고 있다는 것을 뜻한다. 그러나 그 수락이 삶에 대한 관조를 가능케 하고, 그 관조가 새 삶의 가능성을, 특정한 내용을 가진 가능성이 아니라, 삶이 열리는 형태의 가능성으로서, 햇빛을 오래 쬔 솜이불의 부푼 기운처럼 부풀어 오르게 한다. 그것이 유재영의 비유가 수행하는 최종적인 기능이라 할 수 있을 것이다.

자유가 구속일 수 있고, 구속이 자유일 수 있다.

지금까지 네 시인의 현대시조를 살펴보았다. 지금까지의 읽은 바에 의하면, 현대시조는 시조를 시조답게 하는 최후의 정형 하나를 지킨다. 그러나 그 정형을 지키는 일은 무조건 정형을 긍정하는 걸 뜻하지 않는다. 최후의 정형의 수락은 정형과의 투쟁으로 이어지기도 하며, 혹은 정형의 준수를 대가로 치른 다른 차원의 자유를 향한 열림이기도 한다. 궁극적으로 현대시조가 보여주는 것은, 장르의 존재 이유로 작용하는 최소한의 규칙을 전제로 한 자유의 모험이라는 것이다.

아마도 누군가 물으리라. 왜 그렇게 하느냐고. 모든 규칙들에서 해방되어 무한한 자유의 하늘로 떠어오를 수는 없느냐고. 이런 질문에 대해서 할 수 있는 대답은, 인류의 자유를 향한 모험은 다양할 수밖에 없다는 것밖에 없다. 자유를 향한 모험이 진정 자유로우려면 그 모험 또한 특정한 방향만을 주장할 수 없다. 만해는 "남들은 자유를 사랑한다지마는, 나는 복종을 좋아하야요"(「복종」)라고 말하지 않았던가? 그가 보기에 그 '복종'이 '자유'였기 때문이었던 것이다.

한 가지 참조할 만한 이야기가 있다. 서양의 중세문학 연구자인 리흐너Rychner는 '아더왕 계열 소설'의 결정판이라 할 수 있는 13세기에 씌어진 『아더의 죽음*Mort Artu*』의 구조를 분석하면서 이 산문 소설이 운문으로부터 해방되었지만 자질구레한 형식적 규칙들을 갖게 됨으로써 형식적으로뿐만 아니라 주제적으로도 닫힌 세계를 이루게 되었음을 밝힌다. 그리고 12세기에 운문으로 씌어진 크레티엥 드 트르와Chrétien de Troyes의 '아더왕 계열' 소설이 운문을 취했다는 한 가지 형식의 수락을 대가로 형태나 주제에 있어서 아주 자유분방한 모험을 개진할 수 있었다는 것을 또한 분석해낸다.[12] 결론적으로 "자유는 운문 편에, 구속은 산문 편에 있었던 것이다."[13]

그러니 우리가 자유를 선택했다고 해서 진정 자유로운지, 우리가 구속을 선택했다고 해서 정말 감옥 속에 살고 있는지 어떻게 단정할 수 있으랴? 자유는 오직 자유롭고자 하는 그 의지의 개진 속에 존재할 뿐인 것을. 오늘의 시조가 최후의 정형을 수락한다는 것은 그 자체로서는 인류의 진화를 향한

12) Jean Rychner, 『『아더의 죽음』에서의 서술문장의 분절 *L'articulation des phrases narratives dans la 《Mort Artu》*』, Genève : Droz, 1970, 특히, 「결론」의 장, pp. 233~48 참조.

13) 이 표현 자체는, 베르나르 세르키글리니Bernard Cerquiglini, 『중세의 말-담화, 통사, 텍스트 *La parole médiéval—Discours; Syntaxe; Textes*』(Paris : Minuit, 1981, p. 17)에서 빌려왔다.

다양한 실험 중의 하나가 실행되고 있다는 것을 뜻할 뿐이다. 이러한 특별한 방식의 실험이 어떤 자유의 문을 열어, 현대시가, 혹은 더 나아가 현대 문학의 다양한 장르들이 저마다의 방식으로 여는 자유의 문들과 언제, 어디서 어떻게 합류하여, 싸우거나 융해되거나 더 큰 분화를 일으키거나 할지는 그다음의 문제다. 그리고 이 '다음'이 실은 중요한 문제인데, 이 '다음'을 위해서는 '지금'을 소중히 대할 수밖에 없는 게, 그 '다음'의 운명인 것이다. 그러니 현대시조가 펴 놓은 오늘의 축제를 우선은 마음껏 즐기기로 하자. 네 시인의 저마다의 개성의 "용연향, 사향, 안식향, 훈향"[14]을, 그뿐이랴, 라벤더향도, 발삼향도, 앰버향, 구르망향도 흡입하면서, 아테닌향에는 티민향을, 시토신향에는 구아민향을 곁들이기도 하면서, 그렇게 시편들 모두의 이질성들을 꼼꼼히 씹어 먹으면서. 시심과 자유의 의지로 충전되어 그 '다음'으로 나아가기 위해서.

14) 샤를 보들레르Charles Baudelaire, 「교감Correspondances」, 『악의 꽃 *Les fleurs du mal*』 대산문학총서 18, 윤영애 옮김, 문학과지성사, 2003, p. 50.